# 失落文明与欧帕兹超神秘照片集

据说，在大约一万年前，地球就存在着凌驾于现代文明之上的超古代文明。在世界各地都发现过欧帕兹与超古代文明的遗迹！

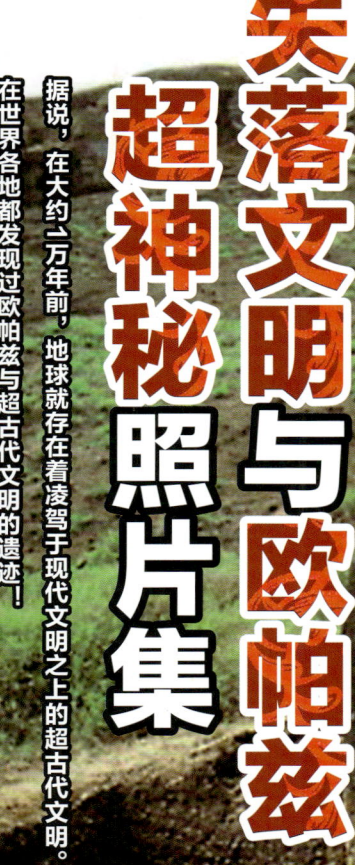

↑位于比米尼群岛外海海底的"比米尼路"，据说它是亚特兰蒂斯文明的遗迹。

⇨复活节岛的摩艾石像。建造者是姆大陆的幸存者吗？

### 虚幻大陆真的存在?!

沉没的海底城"亚特兰蒂斯"、虚幻大陆"姆大陆"真的存在吗？超古代文明的遗迹可能就潜藏在海底与孤岛中！

⇨ 化石上的恐龙脚印覆盖在人类脚印上。难道恐龙时代已经有人类存在了吗？

↑ 在位于秘鲁南部的伊卡发现的"伊卡石"。伊卡石上刻着各式各样的恐龙与人类共处的画像。

**恐龙还活着吗?!**
早在6500万年前就该绝迹的恐龙竟然和人类共处在同一个时代？就让我们来看看这些打破常识的古物！

⇦ 在墨西哥发现的约于4500年前制作的大量仿恐龙土偶。制作者难道早就知道恐龙的样貌了吗？

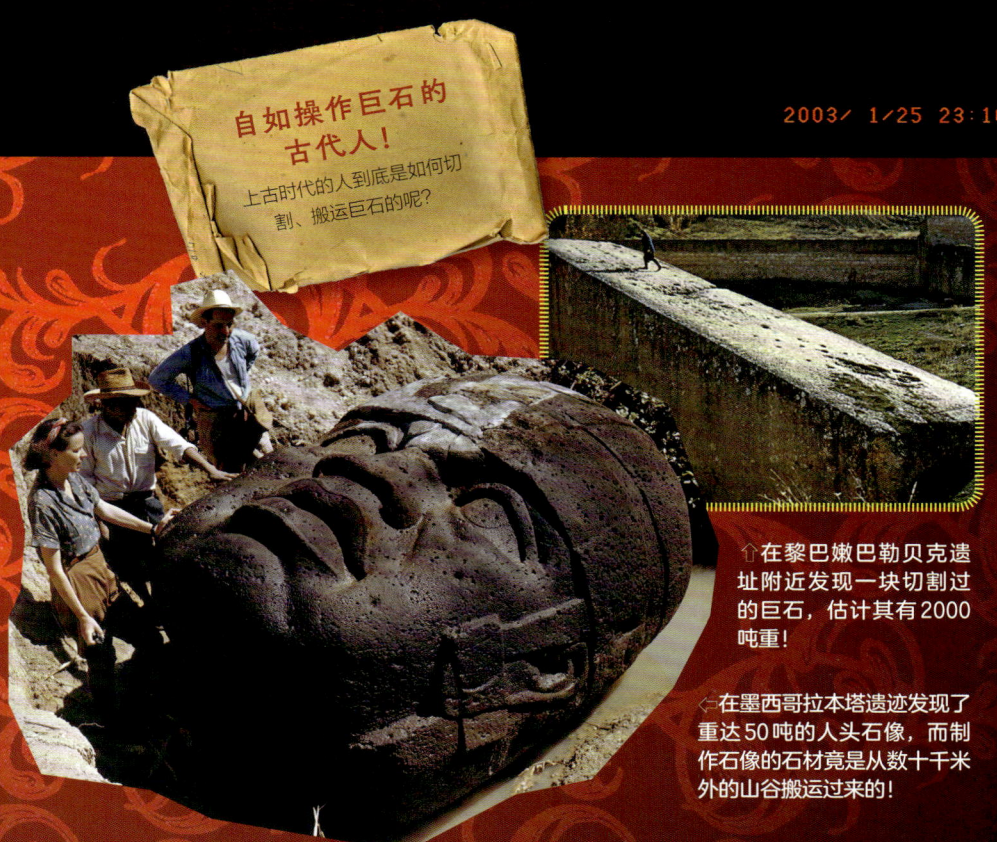

# 巨石里寄宿着未知的力量？

⇩ 这是记录了英国巨石阵在半夜发光瞬间的神秘照片。

2003／1/25 23:10

**自如操作巨石的古代人！**
上古时代的人到底是如何切割、搬运巨石的呢？

↑ 在黎巴嫩巴勒贝克遗址附近发现一块切割过的巨石，估计其有2000吨重！

⇦ 在墨西哥拉本塔遗迹发现了重达50吨的人头石像，而制作石像的石材竟是从数十千米外的山谷搬运过来的！

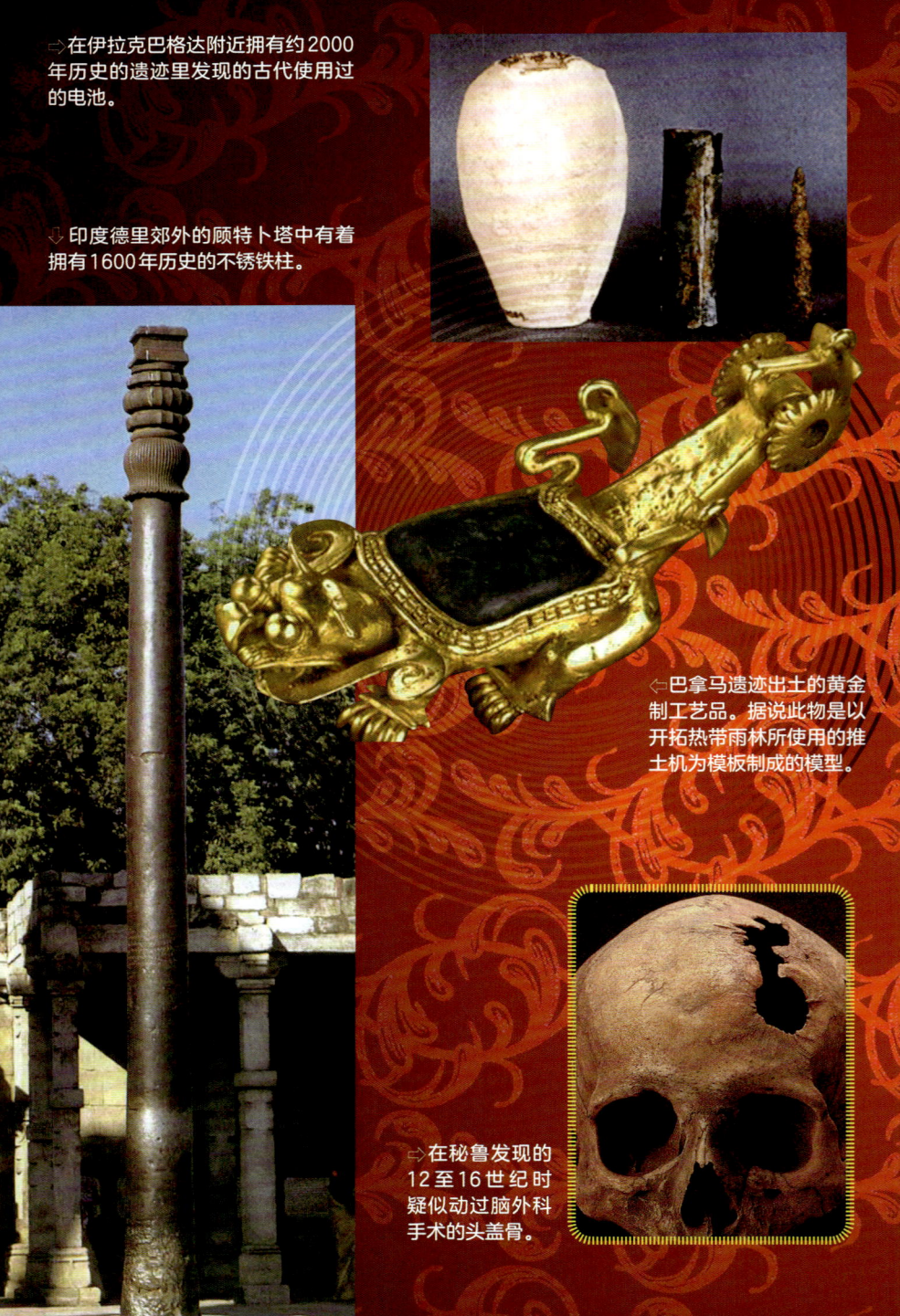

⇨ 在伊拉克巴格达附近拥有约2000年历史的遗迹里发现的古代使用过的电池。

⇩ 印度德里郊外的顾特卜塔中有着拥有1600年历史的不锈铁柱。

⇦ 巴拿马遗迹出土的黄金制工艺品。据说此物是以开拓热带雨林所使用的推土机为模板制成的模型。

⇨ 在秘鲁发现的12至16世纪时疑似动过脑外科手术的头盖骨。

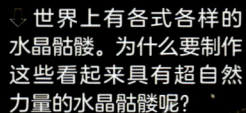
世界上有各式各样的水晶骷髅。为什么要制作这些看起来具有超自然力量的水晶骷髅呢?

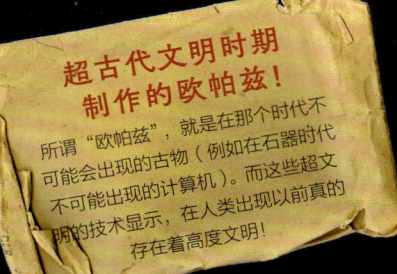
**超古代文明时期制作的欧帕兹!**
所谓"欧帕兹",就是在那个时代不可能会出现的古物(例如在石器时代不可能出现的计算机)。而这些超文明的技术显示,在人类出现以前真的存在着高度文明!

## 集满十三个会发生什么事?

在哥斯达黎加发现的石球。制作这颗超圆球需要极精密的技术!

古埃及神殿内的谜一样的浮雕。

# 世界上最古老的计算机！

⇦ 在沉没于希腊外海的船中发现的天文仪器，它有2000年以上的历史，且能正确预测天体的运行。

⇩ 在德国遗迹中出土的青铜制圆盘。这个约有3600年历史的美丽古物是人类史上最古老的星象盘。

**精密的天体观测器真的存在！**
古代人比我们想象的更富有天文知识。其证据为已发现的古代计算机以及天文台。

⇨ 墨西哥奇琴伊察的"库库尔坎神庙"金字塔，其本身就是一个天文观测台。

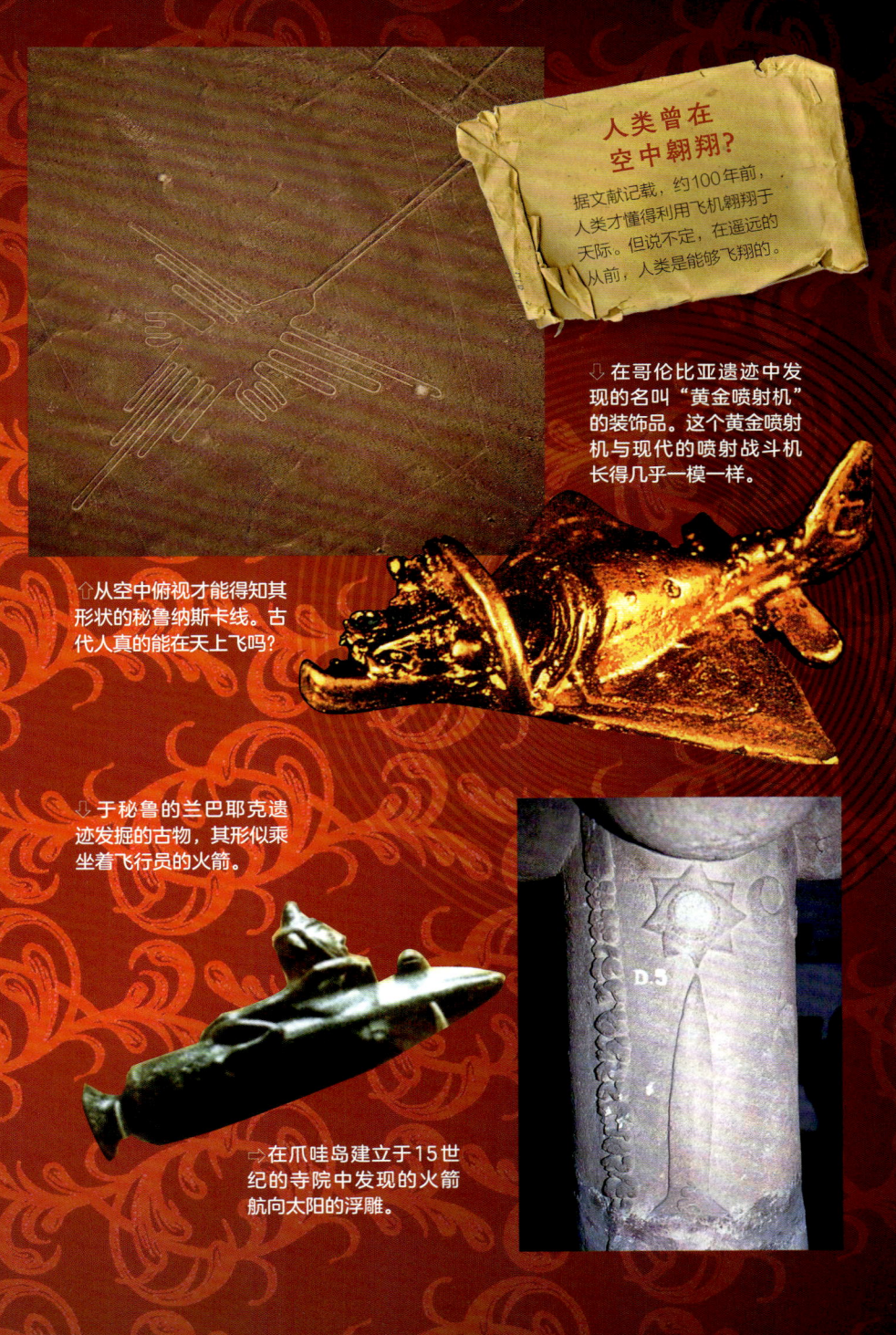

## 人类曾在空中翱翔?

据文献记载,约100年前,人类才懂得利用飞机翱翔于天际。但说不定,在遥远的从前,人类是能够飞翔的。

⇩ 在哥伦比亚遗迹中发现的名叫"黄金喷射机"的装饰品。这个黄金喷射机与现代的喷射战斗机长得几乎一模一样。

⇧ 从空中俯视才能得知其形状的秘鲁纳斯卡线。古代人真的能在天上飞吗?

⇩ 于秘鲁的兰巴耶克遗迹发掘的古物,其形似乘坐着飞行员的火箭。

⇨ 在爪哇岛建立于15世纪的寺院中发现的火箭航向太阳的浮雕。

# 世界各地都有曾经发生大灾难的痕迹!

↑巴基斯坦的摩亨佐·达罗是一座岩石在超高温下玻璃化的遗迹。其超高温的原因难道是古代的核爆弹?

**人类一度在古代核战中灭亡?**
据说古代曾经使用过在20世纪中后期才发明的核武器,现今也发现了相关遗迹!

↑据说,在大约4000年前,土耳其的哈图沙遗迹由于异常的高温造成的火灾,一度有毁灭的迹象。

→在撒哈拉沙漠中发现的玻璃碎片也在美国的原子弹爆炸实验场中出现过!

日本学研神秘
· 百科 ·

The
ENCYCLOPEDIA

# 失落文明大百科

of
LOST CIVILIZATIONS

日本学研教育出版社 ◎ 编著
陈雯凯 ◎ 译

# CAUTION

## 本书的使用方式

失落文明，意即拥有高度知识与技术，然而却走上灭亡之路的文明，特别是那些不知道灭亡原因的文明。

在古代文明中，以高度知识与技术为基础所造的人造物被称为"欧帕兹"。本书将从各种视角来介绍与失落文明紧密相关的遗迹与古物，让我们同世界的谜团一起展开奇妙的探险吧！

**序号**
从1到100，依序介绍谜一样的古代遗迹与欧帕兹。

**标题**
遗迹或古物的名称。

**档案**
遗迹或古物的发源地与年代。

**照片**
遗迹、古物的照片或者复原图。

**豆知识**
预备的小知识与相关情报。

**地图**
以星星表示遗迹或古物的等级。

**各种程度**
等级越高，星星数越多。

# 失落文明 关键词图鉴

**在阅读本书前,请先厘清这些基本的相关用词哟!**

## 欧帕兹

▶欧帕兹是指"时空错位的人造物",英文为 Out of Place Artifacts,意为在古代遗迹以及古老地层中发现的以高度的技术和知识为基础制作而成的古物(从遗迹中发现的人造物)。

## 失落文明

◀失落文明是指拥有高度知识与技术,却不知道出于什么原因灭亡的古代文明。超越常识的古文明与本书提到的"超古代文明"意思大致相同。

## 土偶

▶土偶是人形土制品。日本绳文时代有很多土偶,其被认为是当时祈求丰收及多子多孙等具有宗教目的的物品。

## 夏至与冬至

◀夏至在6月21日前后,是一年中白昼最长的日子;反之,冬至则在12月22日前后,是一年中白昼最短的日子。夏至与冬至是古代知悉季节转变最重要的两个日子。

## 地上画

▶地上画，顾名思义，是指画在地面上的画，只能在空中或高处观看它的全貌。一般利用石头及杂草使地面呈现凹凸状，绘制成动物或几何图形。

## 石圈

◀石圈指的是将巨石排成圆形的遗迹。石圈在日语中也称为"环状列石"。据说，石圈除了当坟墓，也被当作祭祀与祈祷的场所。

## 金字塔

▶源自埃及吉萨金字塔群的金字塔，指四角锥状的物体。就建筑物而言，金字塔在世界各地发挥着不同的作用。

## 海底遗迹

◀海底遗迹是指发现于海底的遗迹。说到遗迹，一般指的是人造的痕迹。而到底是遗迹还是自然形成的地形呢？我们不知道的事情还多着呢！

## 建筑结构

▶与自然形成的不同，以石头等材料当作地基支撑，由人工建造的东西。意思类似建造物、建筑物。

序言

# 失落文明真的存在吗？

据说，很久很久以前，地球上存在着凌驾于现代文明之上的高度文明。

为什么我们笃定高度文明真的存在过呢？

先让我们对文明有个基础的认识吧！

## 1 古文明到底是什么？

现今，人类安稳地生存在用自己的双手创造的现代文明里。那么，现代文明是如何产生并发展起来的呢？这得追溯至数千年前，人们以各个发源地留下的产物为基础，一代传一代不间断地发展的文明。

文明指的是什么呢？

在大约1万年前，第四纪冰期过后，地球逐渐变暖和。世界各地本来以狩猎采集为生的人们开始将生活形态转变为定居，并饲养家畜及种植小麦等。这些人聚集成一个个村落，相互合作与共存。

为了发展农业，他们齐心协力，除了合力防治河川泛滥，也将水引进田地。在大河川旁建造的村落逐渐发展成大型城市。

以下是日本所谓的"四大文明",除此以外,世界各地的文明不胜其数。

★ 埃及文明
大金字塔与狮身人面像。

★ 印度河文明
死亡之丘。

★ 美索不达米亚文明
幼发拉底河。

★ 黄河＆长江文明
三星堆（长江文明）。

  这样的大城市在有了共通的文化及文字后,与其他城市进行交流,发展成更大型的社会,也就是所谓的文明。特别是位于中东"新月沃地"的底格里斯河、幼发拉底河流域,早在7000年前就开始发展美索不达米亚文明（两河文明）了。

  "美索不达米亚"的原意为"河间地区"。世界上的大文明都始于大河流域,比如尼罗河流域的埃及、黄河和长江流域的中国,以及印度河流域的印度与巴基斯坦。

  但是,对人类来说,这些古文明真的是文明的起源吗？

# 在海底沉睡的遗迹？！

位于冲绳县与那国岛外海的海底遗迹。
据说，若能在这个遗迹中发现人类生活过的痕迹，那它很可能就是失落文明的遗迹。

## ❷ "失落文明"是什么？

在世界各地的文明兴盛以前曾存在着古代文明，但不知道出于什么原因灭绝了，我们称之为"失落文明"。

假设失落文明真的存在，那可能比大河流域文明的历史还要久远，甚至可能在1万年前就已经存在——以历史的常识来看，就是人类尚未使用石器打猎的时代。因此，难怪有些人不相信失落文明的存在。

然而，与我们至今学习的历史完全不相符的"文明"遗留物却不断在世界各地被发掘。

世界各地有一些建造目的不明的遗迹。

★复活节岛摩艾石像

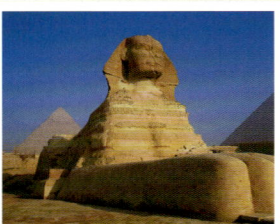

★埃及狮身人面像

### 跟着"传说"找到了遗迹！

古希腊的"特洛伊"在过去长时间被认为是只在希腊神话中存在的城市。但是德国的考古学家海因里希·施里曼认为，特洛伊是真实存在的城市。他在1870年开始挖掘，并成功发现了遗迹。

　　例如海底。海底作业与陆地作业截然不同，海底的水压与视野非常糟，以致难以在海底进行研究调查。因此，有人认为，海底可能存在着更多我们不知道的遗迹。

　　海底的遗迹通常被认为是以前的陆地上的城市遗迹，因为海平面上升与地壳变动而沉入海底。这样的文明遗迹与传说在世界各地被遗留下来。

　　最具代表性的是以"失落帝国"的称号闻名的亚特兰蒂斯和姆大陆等"超古代文明"。

　　那么，为什么我们说这些逝去的文明拥有超乎人类想象的高度智慧呢？

# 发现了拥有高度技术的欧帕兹！

右图是在墨西哥1800年前的遗迹中发现的古物，宛如驾驶员乘坐在气垫船或飞空艇上。

## ③ 证实高度文明存在的证物

说到"高度文明"，有许多解释，其中最多人认可的解释为以下两种：

· 以古代当时的标准来看，为当时的高度文明。

· 以现代的标准来看为高度文明。

不管是哪种解释，只要是在古代文明的遗迹中发现的拥有高度技术与知识的痕迹，从考古学来看，就会被定义为"超时空错位物品"。

这些时空错位的物品被称为"欧帕兹"。欧帕兹是取自英文"Out of Place Artifacts"（时空错位的人造物）的单词首字母创造出来的词。

序言　失落文明真的存在吗？

★机械型
安提基特拉机械。

★巨石建筑
埃及的大金字塔。

★电气型
伊拉克首都巴格达的电池。

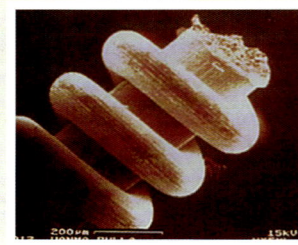

★金属加工型
更新世的弹簧。

据说，若在某个遗迹中发现了欧帕兹，那么这个遗迹极有可能就是高度文明存在的证据。例如：

·以当时的技术来看，使用难以搬运的巨石建造的建筑。

·制作成飞机形状的工艺品，显示早已具备飞行知识。

·以高度的知识为基础设计的天文台。

·在古代遗迹中找到的核战的痕迹。

无论哪个例子都充满了打破常识的"超精密技术"，其中有一些古物连现代文明都难以复原。

若能找到充满谜团的欧帕兹原本的所在地，必然能循着线索找到失落的"超古代文明"的真相。同时也浮现出了新的问题，那就是，明明拥有高度技术，这种文明究竟为何会走向灭亡之路？

**火山灰一夜之间吞噬了城市！**

意大利庞贝古城遗迹（上图），以及用石膏重现的火山爆发的遇难者（左图）。

## ❹ 超古代文明为何走向灭亡？

公元79年，历史见证了位于意大利南部的庞贝古城的悲剧。维苏威火山爆发，火山碎屑流喷而出，导致附近的城镇在一夜之间化成灰烬。据说，在这场夺走两万多人性命的灾难后，二次复兴计划便再度停歇。

无论处于哪个文明，大家都希望自己的文明可以持续兴盛下去。然而在现实中，像庞贝古城一样遭遇灾害的城市，为数不少。

有句话说："地球是活着的。"因为有时候，地球会产生变化。

如果地震发生在海底，其规模越大，引发的海啸规模就越超

序言 失落文明真的存在吗？

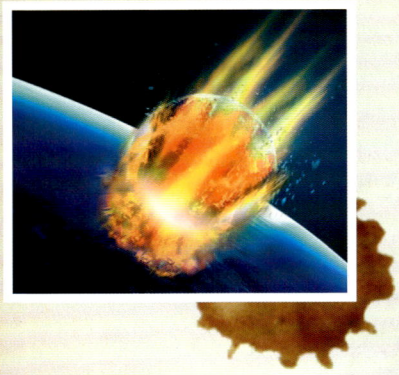

## 巨大的陨石坠落

地球上许多地方都有巨大的陨石撞击的痕迹,最具代表性的是6500万年前的墨西哥希克苏鲁伯陨石坑。有科学家推测,这次陨石撞击造成了恐龙的灭绝。

## 诺亚方舟的传说

根据《圣经》的记载,上帝因为看到世人作恶,决定以洪水制裁。不过,据说有一位名为诺亚的老人建造了一艘船,拯救了人们。有研究学者认为,约5000年前发生的这起洪水事件是真实的。

乎想象。另外,1万年前,当冰川消融以致水位上升时,如果有台风,可能同样会引发巨大的浪潮。这类事件都显示在世界各地广为流传的"洪水传说"中。

除此之外,文明也可能遭受巨大的陨石撞击而灭亡。又或者是古代人拥有可以与现代匹敌的文明,引发了核战,进而自我毁灭,这也是可以想象的。事实上,世界各地很多地方都留有这类事件的历史痕迹。

总而言之,有许多因素造成了文明的逝去,超古代文明无论曾遭遇上述的哪类事件,都不足为奇。

# 在古代有巨人族存在吗?

上图为在沙特阿拉伯出土的巨人骨头。虽然有人说这个骨头是赝品,但如果此物为真品,那么古代曾经有巨人存在的可能性就更高了!

## ❺ 超古代文明的推手

到底是什么样的人能建立并支撑起"失落文明"与"超古代文明"呢?

其实,现今发现了许多与人类息息相关的其他生物——怪物——的古物。

其中之一为外星人。如果古代人没有飞行技术的相关知识,那么形似火箭与飞机的欧帕兹就可能是外星人来访地球的证据。

事实上,在古代的岩画中,画着许多与人类相差甚远、像是外星人的生物。也就是说,拥有高度知识的外星人可能从其他星

在欧帕兹中，也有以外星人存在为前提的"外星人欧帕兹"。

★地上画
秘鲁的纳斯卡线。

★壁画、岩画
意大利的外星人岩画。

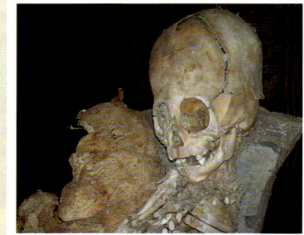

★骨头
秘鲁的外星人骨头。

★雕刻、土偶
日本的遮光器土偶。

球来造访过地球。虽然不知道他们抱着什么目的而来，但他们终究提供了许多有用的知识与技术给未开化的人类。

还有巨人族。虽然我们目前还无法证实巨人族是地球上的原始生物，但是，关于巨人存在的传说，在世界各地广为流传。一般认为，巨人的强大力量可能曾对人类的文明有所贡献。

总之，他们拥有的知识与技术大多跟着时间一起流逝了。不！或许就是因为他们的发明，现在的地球才能被我们人类支配着吧！

如果真的是这样，那么身为现代人类的我们就更应该解开这些超古代文明中隐藏的谜团。

# 目录 CONTENTS

## 第1章　亚特兰蒂斯之谜…1

谜之亚特兰蒂斯文明…2
传说中的超古代文明…4
亚特兰蒂斯为什么灭亡？…6
亚特兰蒂斯在哪里？…8
因火山爆发而崩毁的圣托里尼岛…10
谜之海底遗迹——比米尼路…12
发现亚特兰蒂斯了吗？…14
专栏①　什么是失落的大陆？…16

## 第2章　超古代文明的怪物们…21

狮身人面像——斯芬克司…22
羽蛇神——魁札尔科亚特尔…26
三星堆里的怪物…28
亚利桑那州的恐龙壁画…29
世界各地的巨人传说…30
俄罗斯的长头人…34
奥尔梅克的巨石人头像…35
南非的巨人脚印…36
卡迪夫的巨人化石…37
阿杰尔高原的巨人…38
遮光器土偶…40
知部善古坟的外星人…42
福国沛洞窟内的有翼人…43
秘鲁的外星人…44
喷火怪物…45
专栏②　人类曾经与恐龙共存？…46

# 第3章　超古代文明的欧帕兹（技术篇）…51

　　安提基特拉机械…52
　　水晶骷髅…56
　　南非的金属球…60
　　带有弹痕的原牛头骨…61
　　巴格达的电池…62
　　镁铝合金制的牡鹿雕像…63
　　印度的不锈铁柱…64
　　秘鲁的脑外科手术…66
　　恐龙时代的铁锤…67
　　中国的手表形状铜戒指…68

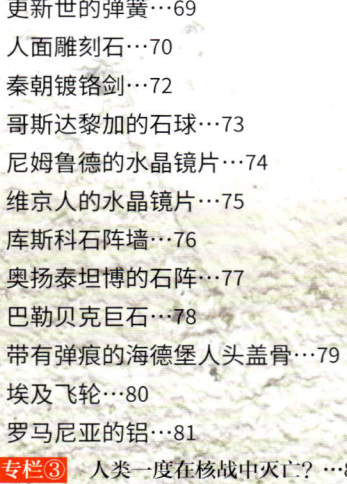

　　更新世的弹簧…69
　　人面雕刻石…70
　　秦朝镀铬剑…72
　　哥斯达黎加的石球…73
　　尼姆鲁德的水晶镜片…74
　　维京人的水晶镜片…75
　　库斯科石阵墙…76
　　奥扬泰坦博的石阵…77
　　巴勒贝克巨石…78
　　带有弹痕的海德堡人头盖骨…79
　　埃及飞轮…80
　　罗马尼亚的铝…81
　　**专栏③**　人类一度在核战中灭亡？…82

## 第4章　超古代文明的欧帕兹（知识篇）…87

纳斯卡线…88
埃及的电灯泡浮雕…92
奥尔梅克的飞行员浮雕…96
萨卡拉鸟…97
古秘鲁的火箭…98
爪哇岛的火箭浮雕…99
黄金喷射机…100
黄金推土机…102
帕伦克的航天员浮雕…104
恐龙浮雕…105
阿兹特克的四轮车…106
图拉的战士雕像…107
内布拉星象盘…108
飞行武器维摩那…109
皮里·雷斯地图…110
**专栏④**　真的遭遇大洪水了吗？…112

## 第5章　大金字塔的七个谜团…117

大金字塔的谜团…118
大金字塔建造之谜…120
塔内未知隧道之谜…122
墓室里的小洞之谜…124
三大金字塔建造年代之谜…126
神秘的金字塔能之谜…128
渡海的金字塔之谜…130
**专栏⑤**　震惊世界的七大奇迹…132

## 第6章　令人惊奇的超古代遗迹…139

复活节岛摩艾石像…140
阿布辛贝神庙…144
埃夫伯里石圈…145
巨石阵…146
卡奈克巨石林…148
纽格莱奇墓…150
特奥蒂瓦坎…151
克诺索斯王宫…152
加泰土丘…153
蛇墩…154
乌尔金字塔形神塔…155
佩特拉…156
奇琴伊察…157
哥贝克力石阵…158
苇岳山…159

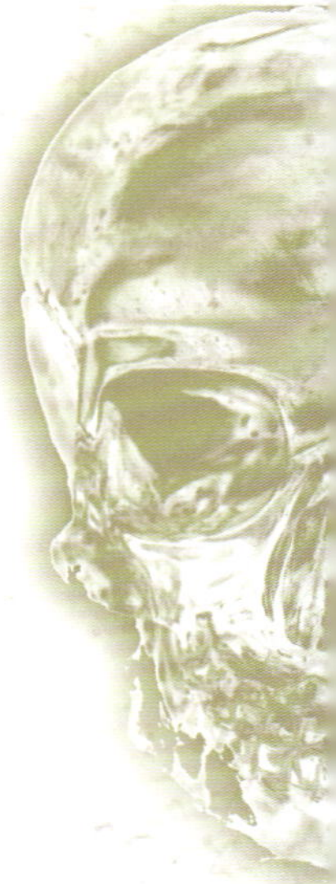

出云大社…160
石之宝殿…161
梅萨维德…162
马丘比丘…163
蒂卡尔…164
昌克罗…165
南马都尔…166
与那国岛海底遗迹…167
秦始皇陵…168
皆神山…169
**专栏❻** 什么是地球空洞说？…170

## 第7章　宇宙中的超古代遗迹…175

火星人面岩…176

火星金字塔群…180

火星上的磐石…181

月球表面的"城堡"…182

月球表面的"碎片"…183

火卫一的磐石…184

爱神星的长方体…185

金星金字塔…186

月球表面的"大宇宙飞船"…187

结语…188

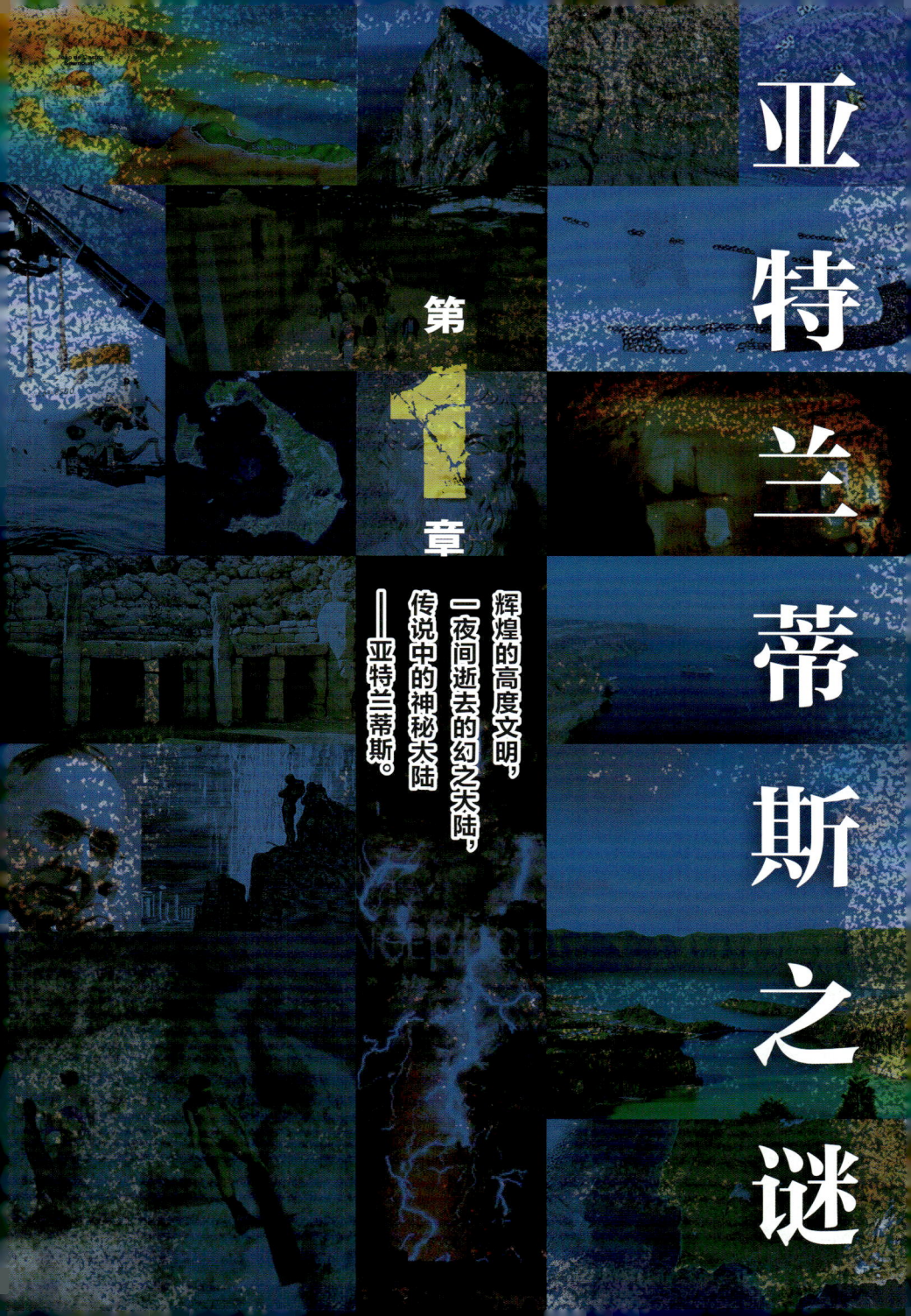

# 亚特兰蒂斯之谜

## 第1章

辉煌的高度文明,一夜间逝去的幻之大陆,传说中的神秘大陆——亚特兰蒂斯。

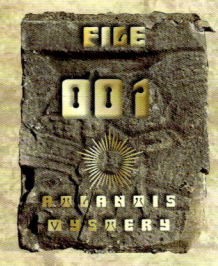

# 谜之亚特兰蒂斯文明

## 以超能力、超精密技术为傲的神秘大陆

**关**于文明的起源，传说在古代，很长的一段时间里，存在着不为人知的"超古代文明"——亚特兰蒂斯。它是出现在遥远的20万年前的虚幻文明，却突然在1.2万年前的某一天，于天地异变中逝去。被谜团包裹着的亚特兰蒂斯到底是什么样的文明？

19世纪，英国神秘学学者威廉·史考特认为，住在亚特兰蒂斯的人们都拥有超能力，可以通过心电感应对话。他们建立了高度的文明，将有着火焰般光辉的未知金属"山铜"应用在各种技术上。据说这些技术被运用于飞机、船、潜水艇及建筑物中的电梯等。

另一方面，声称能一眼看穿亚特兰蒂斯的卓越超能力者——美国的埃德加·凯西——表示，亚特兰蒂斯的人们使用的是名为"Cristal"的未知结晶体，这种未知结晶体能控制重力、储蓄能源与传递物质。亚特兰蒂斯就是因为使用Cristal的方式错误而灭亡。

双方的说辞都显示出，远远超越现代文明的神秘文明可能真的曾经存在于地球上。本书将与你一同探索遗迹，在这之前，我们首先要来看的是证明亚特兰蒂斯文明存在的具体证物。

第 1 章　亚特兰蒂斯之谜

▲图为沉在海底的古代遗迹（埃及北部的亚历山大港）。亚特兰蒂斯文明的遗物或许就像这样沉睡在海底。

# 传说中的超古代文明
## 柏拉图记录的巨大城市

▲在历史残存的记录中,第一位记述亚特兰蒂斯的哲学家——柏拉图。

▶以历史的记录为基础,亚特兰蒂斯的首都波赛多尼亚的复原图。

在古希腊,首次出现有关亚特兰蒂斯传说的记录是在公元前4世纪哲学家柏拉图所著的书中,这本书记录着有关"亚特兰蒂斯"的种种。

柏拉图以希腊的政治学家梭伦(公元前7世纪前后)从埃及的神官那里听到的传言来介绍这个未知的文明。内容如下:

亚特兰蒂斯这个超巨型大陆大约有安纳托利亚半岛(位于土耳其境内)与利比亚相结合那么大,名字则源自其初代国王阿特拉斯。

这个被称为"亚特兰蒂斯"的大陆位于大西洋上,为海神波塞冬的十个孩子所统治。

# 第 1 章　亚特兰蒂斯之谜

亚特兰蒂斯的首都为波赛多尼亚，三面被运河环绕，城市中央有神殿及皇宫。据说外侧的运河有500米宽，因此，大型船只可以借由此运河出海。波赛多尼亚因为有河川经过，所以平原上作物丰收，还能从地下采集到珍贵的矿产。除此之外，人们也大量使用金、银以及未知金属"山铜"来装饰，其豪华的程度让人瞠目结舌。

然而，十位国王渐渐沉溺于权力的游戏，人民也贪图财富、不知魇足，整个文明随着人们一起堕落。就在此时，天色骤变，发生了大规模的地震以及洪水，一夜之间，整个大陆便沉入海底永眠。

以上为柏拉图在书中写下的亚特兰蒂斯传说。这块大陆真的在一夕之间沉入大海了吗？

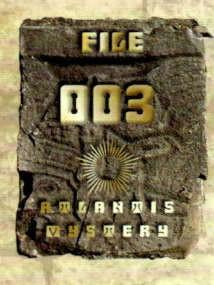

## 亚特兰蒂斯为什么灭亡?

### 大灾害抹杀了超文明?

**以**繁盛自诩的超文明迎来了戏剧般的尾声。然而,能引起重大灾害和天气异变的事物到底是什么呢?

基本上,有以下三种可能性:

一、火山爆发。从发生大规模地震与洪水的事件来看,可以推测大陆附近的海底有巨大的火山大爆发的可能性。

二、巨大的陨石与小行星有可能直接撞击大陆。依据天体的大小,大陆可能被一处一处地从地球上抹去了。

三、在世界各地广为流传的大洪水传说。大约在1万年前,一直统治着地球的冰期进入尾声。冰河融化导致海水上升,因此能够猜想,世界上可能发生过大洪水。

然而,最难以想象的是大陆在"一夕之间"就被洪水淹没,沉入海底。不过,如果是在冰期末期,与地震和陨石坠落同时发生,那就比较容易理解为何洪水的力量倍增了。

无论如何,为了了解文明灭亡的原因,就必须知道亚特兰蒂斯遗迹的所在地。真的如同柏拉图所说,亚特兰蒂斯位于大西洋上吗?接下来,让我们一同来寻找亚特兰蒂斯的候选之地吧!

▼ 2010年3月,冰岛的火山爆发。火山喷出物中产生雷电,形成了"火山雷"。若亚特兰蒂斯是因为火山爆发而灭亡的,想必其规模一定比冰岛的更大吧!

第1章 亚特兰蒂斯之谜

# FILE 004

## 亚特兰蒂斯在哪里？

找寻衰败文明的痕迹

欧洲
大西洋
非洲

▲◀非洲大陆这边尖锐高耸的雅科山（Monte Hacho）望着直布罗陀海峡（左图圈起来的部分）。虽然有诸多说法，但现在这座山与"直布罗陀巨岩"合称为"海格力斯之柱"。

根据柏拉图的看法，亚特兰蒂斯的所在地，从地中海望去，在"海格力斯之柱的外围"（海格力斯之柱位于直布罗陀海峡），也就是在大西洋上。

15世纪后，大航海时代，航海家们横跨直布罗陀海峡，进入大西洋，而这片海峡就如同进入新世界的入口。这群航海家横跨海峡的动机之一就是根据柏拉图的记述，寻找理想中的国度——亚特兰蒂斯。

现在，疑似为亚特兰蒂斯的候选地被一一列举出。例如，接近非洲西北岸的加那利群岛以及大西洋北边的亚速尔群岛等，都被认为是沉没的亚特兰蒂斯的残骸。

▲（上图）公元前3600年左右，于马耳他岛建造的吉甘提亚神殿。（下图）哈尔·萨夫列尼地下宫殿。

▲亚速尔群岛中圣米格尔岛的火山湖。

## 第1章 亚特兰蒂斯之谜

另外，有人认为"海格力斯之柱"其实是从大西洋望去看见的地中海，因此，也有人说亚特兰蒂斯就在地中海，其根据之一为位于意大利南边的马耳他岛。

人们在该岛屿上曾发现公元前3600年左右建造的巨石建筑，有的建筑甚至有1万年以上的历史。这些用巨石建造的地下宫殿一而再、再而三地显示出，这个岛上的城市毁于突发性的自然灾害。

除此以外，还有很多亚特兰蒂斯候选地不断被提出，众说纷纭。然而，无论是哪种说法，都没有足够的关键证据来证明该地就是亚特兰蒂斯的所在地。

在接下来的篇章中，本书将介绍两个最受瞩目的亚特兰蒂斯候选地——著名的圣托里尼岛以及比米尼路。

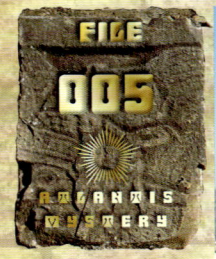

## 因火山爆发而崩毁的圣托里尼岛

### 曾被海洋吞没的岛屿

亚特兰蒂斯候选地中最著名的是漂浮于希腊爱琴海上的美丽岛屿——圣托里尼岛。如果柏拉图听到的亚特兰蒂斯传说是以实际沉于海中的岛屿为蓝本流传的,那么圣托里尼岛便可以说是蓝本之一。

现在的圣托里尼岛虽为新月形状,但以前曾是直径约18千米的圆形岛屿,约在公元前1500年才形成现在的新月形状。形成新月形状的原因是岛上的火山爆发产生了巨大的能量,使得岛中央整个陷入海底(不过,在公元前2世纪时,火山再次爆发,岛中央变成了火山岛的形状)。

▼火山爆发形成的凹地（破火山口地形）俨然成为一片海洋。位于中央岛屿的火山活动依旧很活跃。

◀圣托里尼岛的卫星图。

# 第1章 亚特兰蒂斯之谜

不仅如此，火山爆发以及大海啸也导致了繁华的文明崩毁。这个文明以爱琴海的克里特岛为中心，圣托里尼岛内也有其留下来的遗迹——米诺斯文明。

遗憾的是，柏拉图在记述中提到的亚特兰蒂斯，其灭亡时间大约在1.2万年前，与米诺斯文明的年代（约公元前2850年至前1450年）并不相符。不过，以大灾害下残存的遗迹来说，圣托里尼岛依旧是可能性最高的候选地。追根究底，亚特兰蒂斯的传说流传给后世的不过是关于某次大灾害的记忆而已。

▲圣托里尼岛上残存的米诺斯文明遗迹，不过并没有发现超高度文明的痕迹。

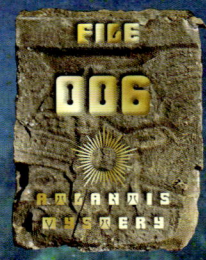

### 超能力者的预言
# 谜之海底遗迹——比米尼路

公元1968年，人们在位于美国佛罗里达半岛东南方、巴哈马以西的比米尼群岛的浅滩上发现了人造石块。这段长达1千米的雄伟石阶主要以石灰岩制成，并将切成长方体的石块排成一条直线（如图）。

这段道路形状的人造石阶，人们给它取名为"比米尼路"。

仔细观察这些被切割的石块，其中最长的有5米。这证明能自如操控巨石的文明是存在过的。

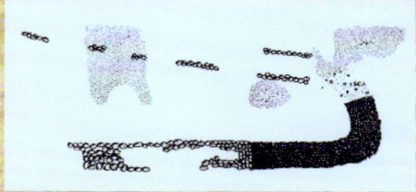
▲长约1千米的比米尼路。

不仅是被切割的石块，在这里还发现了人造柱和人造墙。建造这些所使用的石块，推测其年代，竟为1.5万年前。

关于这个海底遗迹，有个令人感到奇妙的事件。

世界闻名的超能力者、"沉睡的预言家"埃德加·凯西曾预言："公元1968年，会在比米尼的土地下发现海底遗迹。"

关于海底之石，也有人表示，它们其实是自然形成的石头。但真相为何，没人知道。不过，比米尼群岛在大西洋上，所以，比米尼的确可能是亚特兰蒂斯的一部分。而且，比米尼附近的海底出现了类似在地上画的线条，这也证明的确曾经有文明实际存在于这里。

▲预言家埃德加·凯西。

第1章 亚特兰蒂斯之谜

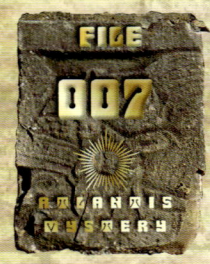

## 发现亚特兰蒂斯了吗?

### 让世界惊奇的新闻

公元2013年4月,巴西政府与日本海洋研究开发机构共同发表了有关亚特兰蒂斯的惊人消息:"位于巴西里约热内卢外海的海底平台上,发现了只会在陆地上形成的花岗岩长形断崖,这代表着大西洋上曾经有大陆存在。"

接着,巴西政府进一步表示:"我们有强力的证据,可以证明传说中的亚特兰蒂斯是真的存在过。"

这项重大发现是日本海洋研究开发机构的潜水调查艇"深海6500"完成的。若今后的调查能在有花岗岩的海底发现一些人造物品,那么,沉眠

▲在大西洋发现陆地痕迹的"深海6500"。

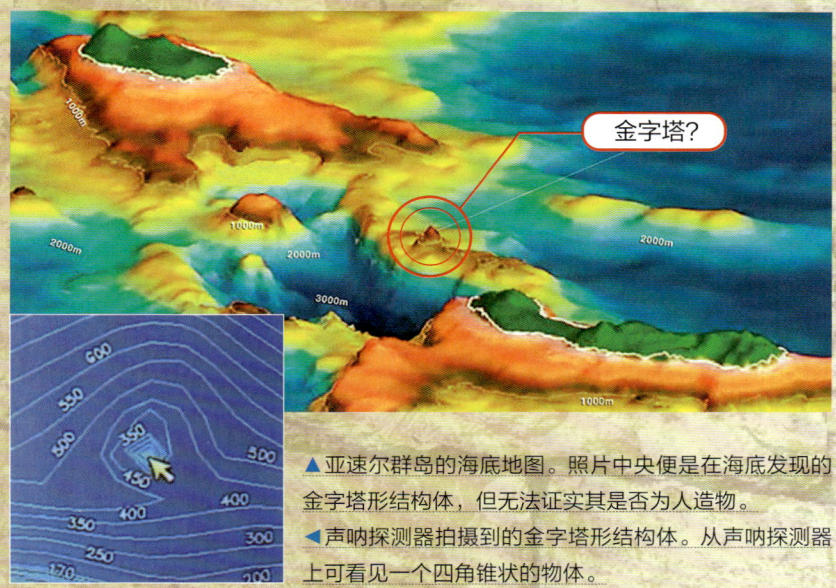

▲亚速尔群岛的海底地图。照片中央便是在海底发现的金字塔形结构体,但无法证实其是否为人造物。
◀声呐探测器拍摄到的金字塔形结构体。从声呐探测器上可看见一个四角锥状的物体。

于海底的未知大陆亚特兰蒂斯实际存在的可能性就更大了。

另外,与以上报道的场所不同,2013年9月,据说在大西洋亚速尔群岛附近水深约100米的海底,发现了高60米的金字塔形状的建筑。

虽然当时只公布了声呐探测器照到的画面,但葡萄牙考古学调查协会与海军合作进行潜水调查,不久便发表了更详细的调查结果。

亚特兰蒂斯的候选地很多,可是仍未发现具有决定性意义的关键遗迹。不过,随着调查技术的进步,未来说不定能在人类没注意到的地方发现确切的遗迹。本篇前面提到的新闻或许正预告着未来将"发现亚特兰蒂斯",相信世界各地的人皆期盼着那一天的到来。

第1章 亚特兰蒂斯之谜

专栏 | 原来如此！超古代文明学①

# 什么是失落的大陆？

## 太平洋上繁荣时期的姆大陆

在世界各地的海底，人们陆续发现可能是古代大陆的一部分的遗迹。当然，这也可能只是将自然形成的地形错看成遗迹而已。但当中可能真的有"失落文明"曾经存在的证据。

沉没在海底的文明有时候会被称为"失落文明"，亚特兰蒂斯则是失落古文明之一。虽然这么说，但一块如此完整的大陆真的可能就这样在一夕之间被海水吞没吗？

地球诞生于46亿年前，在板块的不断运动下，才变化成现在这个模样。板块挤压、分裂，在这里挤出了一块地，在那里则有一块地

▲听说姆大陆就在接近太平洋中央的位置。

消失，反反复复，然后形成现在的地形。也就是说，古代的地球上存在着不同于现在的地形。

据说，大约在1.2万年前，太平洋上也有一块如同大西洋上的"亚特兰蒂斯（大陆）"的巨大陆地——姆大陆。

姆大陆一直到20世纪初才为世人所知晓。既是军人也是英国考古学家的詹姆斯·乔治瓦特在印度从军的时候，得知印度教的寺院里有一块黏土板，上面用名为"纳卡尔"（Naacal，神圣之子）的特殊语言刻着字样。

据说印度详细记述着许多有关人类起源的故事，以及曾经的姆大陆繁盛的模样。根据"纳卡尔碑文"的记载，位于太平洋中心的姆大陆，东西长约8000千米，南北长约5000千米。以现今的地理位置来看，姆大陆北至夏威夷群岛，西至马里亚纳群岛，东南边至复活节岛。

此外，据说人类是于5万年前在姆大陆上诞生的。受惠于气候，姆大陆上的作物丰收，是地上乐园，而统治这个乐园的是一位名叫

▶（右图）纳卡尔碑文上刻印着"姆——"记号。（左图）主张姆大陆曾经存在的詹姆斯·乔治瓦特。

"拉姆"（太阳之子）的国王。

据说姆大陆有七座城市，在全盛时期的人口达到6400万人。此地没有纷争，十分和平，人民拥有卓越的航海技术。他们横跨海洋前往许多地区，往东到中南美，往西到中国、东南亚地区，到处都有他们的足迹。被太平洋围绕着的姆大陆，除了其文化横跨各地域，也拥有丰富的资源，以"盛世之春"自诩。

然而这样的繁荣却在一夕之间消失了。

## 🕮 巽他古陆可能曾是姆大陆？

约在1.2万年前，地震、休眠火山爆发不断，引发大海啸，广大的土地在一夜间沉没至海底永眠。

詹姆斯·乔治瓦特整理了纳卡尔碑文的内容，于公元1931年出版。他主张姆大陆的传说并非空穴来风，多数古代文明的记录能证明姆大陆的存在。

▶ 姆大陆灭亡想象图。火山爆发与大海啸席卷城市。

例如,在玛雅的古代记录中写着,一个名叫"姆——"的王国因灾害而灭亡。而在中国西藏的古代文书以及复活节岛的碑文上,都看得到姆大陆曾经存在的痕迹。同时,詹姆斯从流传于太平洋周边的众多文化中发现了许多共通点,他认为这也是证据之一。

然而,在这之后,现今的海洋地质学者指出,当时太平洋上存有大陆的可能性几乎是零。也就是说,詹姆斯主张的其实都是没发生过的事件。

姆大陆终究是幻想中的国度吗?

最近有一个学说指出,冰河时期位于东南亚地区的古大陆——巽他古陆——其实就是姆大陆。

据推测,冰期结束后,海平面上升,7万年前位于海面上的大陆在约1.2万年前沉入海中。有人认为,巽他古陆是全亚洲民族的共同故乡。在太平洋周围,即使是不同地区,流传的也几乎是共通的文

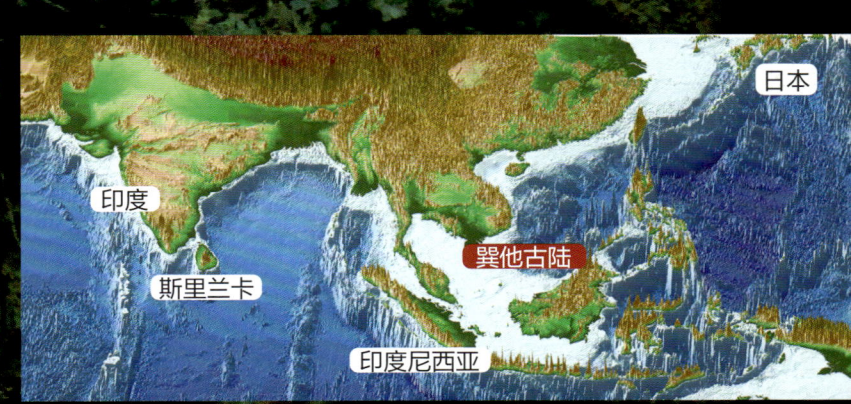

▲东南亚的海底地图。白色的部分为"大陆棚",水位较浅。

化，由此可见这块大陆真的很可能就是传说中的姆大陆。

## 👉 关于虚幻的利莫里亚大陆

传说中位于印度洋的利莫里亚大陆与姆大陆一样被人们称为"虚幻大陆"。

利莫里亚（Lemuria）大陆的名称源自一种叫作"狐猴"（lemur）的猴子。狐猴栖息于非洲东部的马达加斯加岛上，但在邻近的非洲大陆上并没有狐猴，在数千千米外的斯里兰卡、印度及印度尼西亚等围绕着印度洋的地区反而有它们的身影。

目前能想到的理由是，马达加斯加和印度或许曾经与巨大的陆地相连。但是，关于这一点，大陆板块漂移说便能进行反驳。虽然结果很可惜，但印度洋上并没有虚幻大陆的存在。

遥远的从前曾经存在着未知大陆的可能性恐怕几乎为零，亚特兰蒂斯和姆大陆极有可能不存在。

但另一方面，也不能完全否定"失落帝国"是以前沉入海底的岛屿以及该岛屿拥有繁盛的文明的可能性。随着海洋考古学的进步，盼望今后能发现新信息。

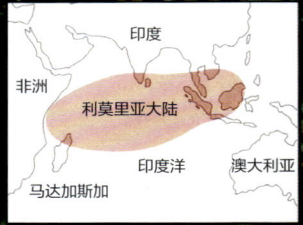

▲（上图）推测利莫里亚大陆位置的地图。（下图）马达加斯加岛上栖息的猴子——环尾狐猴，为狐猴的一种。

# 超古代文明的怪物们

## 第 2 章

古代的地球上，除了人类以外，还存在着什么呢？本章将介绍一些令人难以置信的怪物！

**狮身人面像——斯芬克司**

超古代文明内藏秘密？

### ❶ 喜欢文字游戏的神兽

虽然斯芬克司不是实际存在的生物，但对地中海一带的古文明来说，它是重要的神兽之一。

一般认为，斯芬克司起源于埃及，其特征是拥有人类的头、狮子的身体。关于斯芬克司，最著名的遗存是位于埃及吉萨三大金字塔前方的狮身人面像。

古埃及的斯芬克司为神殿入口处守护王权的神兽，跟庙宇前的石狮子或许有点儿类似。

随后，斯芬克司这种神兽流传到了美索不达米亚以及希腊等地。到了希腊的斯芬克司除了原有的狮子身体，头变成了女性的样子，甚至有着老鹰般的翅膀。希腊神话中的斯芬克司很喜欢文字游戏，守护城市入口的同时，会询问来访的旅人以下问题："什么东西早上有四只脚，中午变成两只脚，而晚上又变成三只脚呢？"如果来访的旅人能正确回答这个问题，斯芬克司就会让他们进入城市；但如

▲在希腊神话中，斯芬克司拥有老鹰的羽翼和女性的头。

(地点)不明（各地）
(年代)不明

冲击程度 ★★★
神秘程度 ★★★★★
文明程度 ★★★

▼埃及吉萨三大金字塔前方的狮身人面像。

## 第2章 超古代文明的怪物们

果答错了,他们就只能等死。

顺带一提,这个文字游戏的答案其实就是"人类"。人类在婴儿时期以手跟脚爬行前进;长大后则以双脚走路;年老后,因为手拄着拐杖,所以变成了三只脚。

▲位于中东的斯芬克司浮雕。
▶埃及狮身人面像的脸部近照。

## ❷ 狮身人面像之谜

说到"谜团",埃及的狮身人面像本身就是一个让人猜不透的谜。在这里,我们将介绍以下三个谜团:

其一,有力的说法之一是,这座全长72.55米(算上两只前爪)、高约20米的神像是公元前2500年古埃及的哈夫拉王为了守护自己的金字塔而建造的。不过这个说法的根据只有一个,那就是狮身人面像双脚缝隙中的石碑上刻的"哈夫"两个字。

其二,狮身人面像建造的年代始终是个谜团。在狮身人面像的身体上有一条横切的鸿沟,据说是风化形成的。但狮身人面像从建成以来一直矗立在沙漠中,这条鸿沟到底是不是风化作用的结果呢?

关于这一点,有人认为,沙漠有过水分充足的时期,也就是约1

▲到19世纪为止，狮身人面像都埋藏在沙堆中。

▶头部为狮头的斯芬克司。

▲世界上最大的斯芬克司石像是挖空一块巨大的岩石制成的。

第2章 超古代文明的怪物们

万年前。有一种观点认为，狮身人面像就是这时候建造的，这也加深了谜团。

其三，20世纪80年代，日本早稻田大学使用电磁侦测雷达，在狮身人面像附近进行调查，从调查结果得知，其地底有个未知的空间。

其实，早在20世纪30年代，超能力者埃德加·凯西就已经说中这个事实。

根据凯西的说法，关于1.5万年前的亚特兰蒂斯文明的重要记录就保存在这个空间里。

看来，要解开狮身人面像之谜，就必须先解开失落文明的秘密。

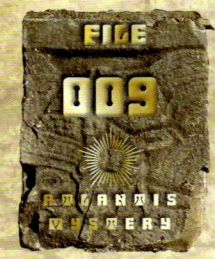

## 羽蛇神——魁札尔科亚特尔

### 有羽毛的蛇的真面目

**魁** 札尔科亚特尔为14至16世纪于墨西哥繁荣的阿兹特克文明的神祇,比阿兹特克文明更早发展的玛雅文明则称他为"库库尔坎"。据说他教导人民使用火,发展文化与农业。魁札尔科亚特尔的原意为"有羽毛的蛇",一直以来以蛇的形态现身。但随着时间的流逝,它化身为男性人类,以白皮肤的模样备受尊敬。

▲有羽毛的蛇的形态。

在神话故事中,魁札尔科亚特尔为太阳神、创世神。据说他以强大无比的力量,利用岩石夷平森林,使之成为平地。他爱好和平,曾经制止玛雅人与阿兹特克人举行活祭,但因此受到了其他喜爱活祭的神明的妒恨,被赶出了阿兹特克。在化身为金星飞往天空时,魁札尔科亚特尔对阿兹特克的人民说道:"我会回来的。"

若魁札尔科亚特尔为阿兹特克人的祖先,那么,从这个神话故事的描述来探讨,有人认为魁札尔科亚特尔的真面目其实是外星人。虽然他的外表如怪物一般,但对阿兹特克人来说,他是一个不可或缺、传递文明的知识生命体。

(地点)墨西哥
(年代)不明
冲击程度 ★★★★☆
神秘程度 ★★★★☆
文明程度 ★★★★★

▶ 魁札尔科亚特尔从怪兽张开的嘴巴里探出头。

## 第2章 超古代文明的怪物们

### 豆知识 MEMO

1519年，魁札尔科亚特尔曾预言他会回来。同年，来自西班牙的白皮肤的埃尔南·科尔特斯等人进入阿兹特克的首都。阿兹特克人民以为他们是回归的魁札尔科亚特尔，所以盛情招待他们。然而，当当地人民发现他们是"侵略者"的时候，已为时晚矣。

▲墨西哥特奥蒂瓦坎遗迹的神殿中摆着魁札尔科亚特尔的蛇头雕像。

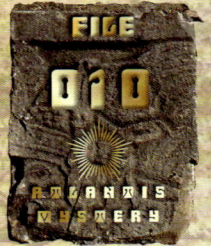

## 三星堆里的怪物

### 谜一样的面具的真面目

▲中国三星堆遗址发掘的"大型凸眼面具"。它像是看到了什么奇妙的事物一般,惊讶到眼睛都跳出来了。

于中国四川省长江流域发现的三星堆遗址在约5000至3000年前曾经是一个繁华的城市。从三星堆出土的青铜器,就属这个"大型凸眼面具"最受到瞩目。该面具的眼睛向前凸出,耳朵如同羽毛般展开。

根据欧帕兹研究学家的说法,这副面具虽然是以古代帝王为原型制成的,但与人类的脸孔相差其远。因此,也有人表示,此面具刻画的可能是古代中国的神祇——人面蛇身的"烛龙"。毕竟龙虽然是怪物的一种,却也是与华夏文明息息相关的神兽。

(地点)中国
(年代)约5000至3000年前
冲击程度 ★★★☆☆
神秘程度 ★★★★☆
文明程度 ★★☆☆☆

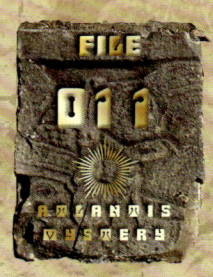

## 亚利桑那州的恐龙壁画
### 绘出活生生的恐龙？

第2章 超古代文明的怪物们

位于美国亚利桑那州北部的大峡谷国家公园里有一幅壁画，其中刻有一只双脚站立、脖子与尾巴皆似暴龙的生物。

这幅壁画的完成年代无从得知。大峡谷的岩画是在约2000年前画的，那这幅恐龙壁画想必是更久以前的吧！

19世纪，于约6500万年前灭绝的恐龙才渐渐为人知晓。现在是否还有活着的恐龙呢？关于恐龙的知识是否是从古代开始流传至今的呢？这些问题的答案现今皆无从得知。但恐龙壁画的作者应该早就知道恐龙的存在了吧？

▶在石壁上刻画的恐龙，大小约30厘米。

恐龙壁画？

〔地点〕美国
〔年代〕不明
冲击程度 ★★★★☆
神秘程度 ★★☆☆☆
文明程度 ★☆☆☆☆

FILE 012

ATLANTIS MYSTERY

# 世界各地的巨人传说

## 早期的未知人类种族？

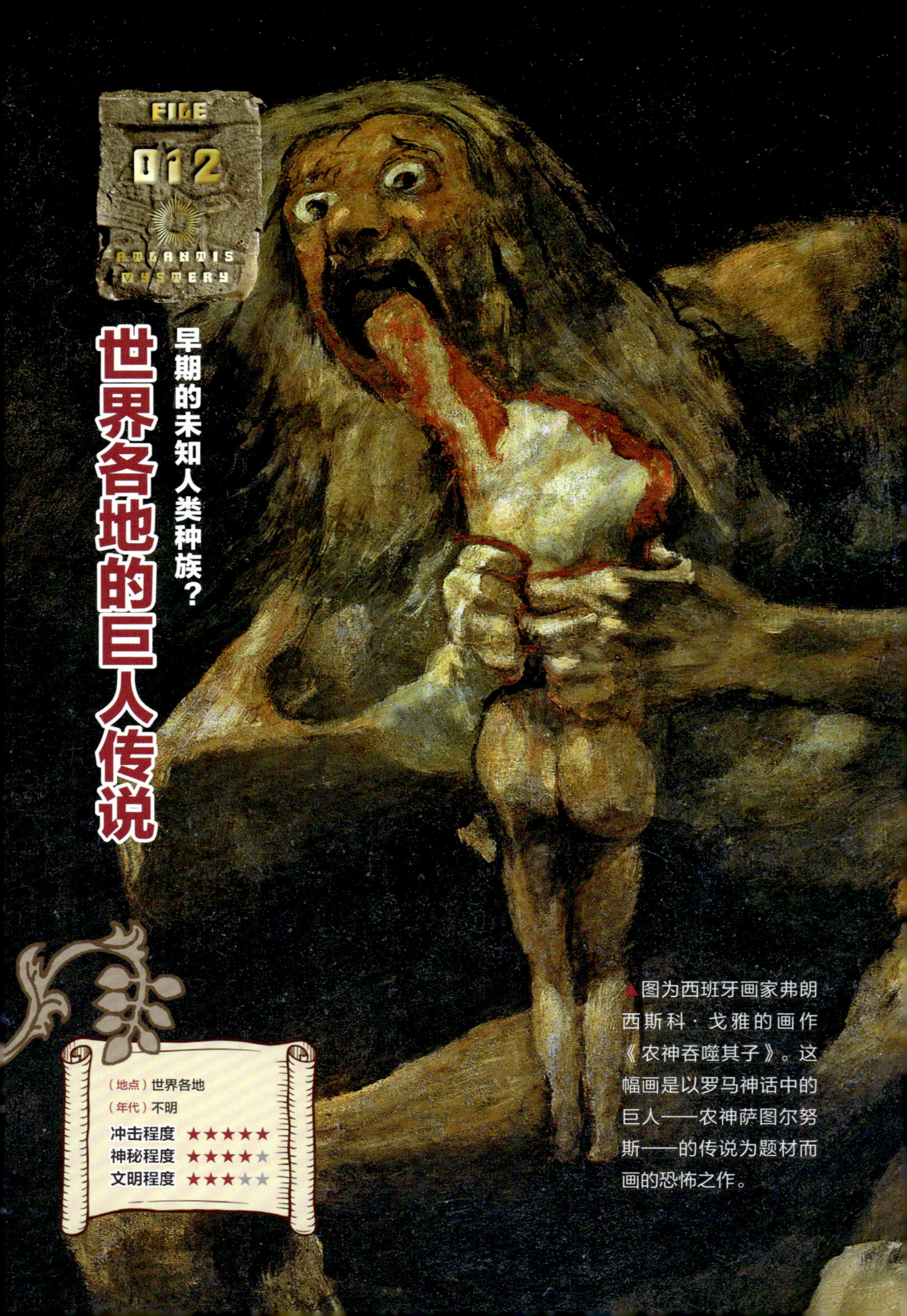

（地点）世界各地

（年代）不明

冲击程度 ★★★★★

神秘程度 ★★★★☆

文明程度 ★★★☆☆

▲图为西班牙画家弗朗西斯科·戈雅的画作《农神吞噬其子》。这幅画是以罗马神话中的巨人——农神萨图尔努斯——的传说为题材而画的恐怖之作。

▲（右图）古代留下的巨人建造巨石阵的画像。（左图）巨石堆积成的秘鲁萨克塞华曼遗迹。
▶《圣经》记载年轻时期的大卫王打倒了巨人歌利亚。

第2章 超古代文明的怪物们

### ❶ 巨人建造的巨石建筑？

世界各地残存着许多用巨石建造的遗迹，比如埃及大金字塔等建筑。而这些遗迹使用的巨石到底是如何切割、搬运甚至是堆叠的，无从得知。

因此，各地区不断地流传着许多巨神（巨大的神）造建筑的故事，比如英国的巨石建筑——巨石阵。在亚瑟王的传说里，著名的魔法师梅林命巨人族搬运巨石，建造了巨石阵。

事实上，自远古时代开始，就有很多巨人神话和巨人传说。希腊、北欧、凯尔特、印度及中国等地，都有巨神利用自己的身体开天辟地的传说。我们也可以把这些巨神想成人类所说的"巨人族"。

日本也有巨人传说。"大太法师"（大太，有"巨人"的意思）

出现在公元8世纪初的记录里,并流传至日本全国各地。也有人说大太法师是造山与造湖的神。

　　日本各地也有疑似大太法师存在的痕迹,例如其建造富士山时挖的土的遗迹位于山梨县的甲府盆地,以及留在地上的大手印形成的静冈县的滨名湖等。

　　《圣经》也记载着巨人传说。在《创世记》里,有一种名叫拿非利人的高约4米的巨人。根据《圣经》,他们是神与人类生的"混血儿"。

　　古代与以色列人为敌的巨人士兵歌利亚,听说高约3米,身穿约5千克重的盔甲,手持近7千克重的长枪。

## ❷ 巨人其实是超古代文明人?

　　巨人真的存在吗?如果巨

▲(上图)大太法师的脚印。(下图)长得跟大太法师很像的妖怪"大入道"。

◀ 在爱尔兰发掘的巨人化石,目前其下落不明。

人像中生代的恐龙般巨大,那么早期的人类种族也很可能是巨人。在世界各地口耳相传的传说中,就有这样的生物出现。

可能的说法之一是,未知生物大脚怪是巨人。它的身高有2至3米,被认为是化石人类的遗族。另一种可能的说法是,巨人是远古时期来访地球的智慧生命体。如果巨人是来访地球的外星人,就可能拥有搬运巨石的高度智慧。

但是,依照世界各地的神话与传说,像大脚怪或外星人这样的存在,大部分都随着亚特兰蒂斯等超古代文明一起绝迹了。

当然,它们的后代可能还活着,说不定它们正默默地隐居在世界上某个不为人知的地方。

## 第2章 超古代文明的怪物们

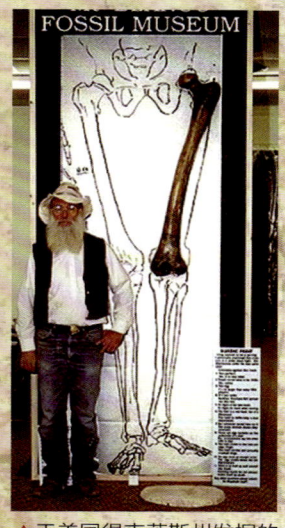

▲于美国得克萨斯州发掘的巨人遗骨。

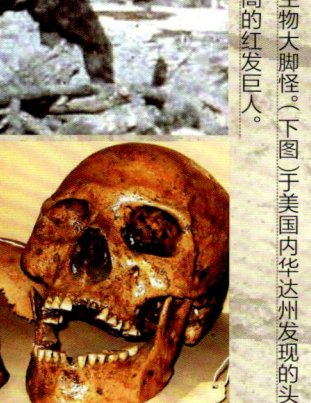

▲(上图)未知生物大脚怪。(下图)于美国内华达州发现的头骨,疑似属于3米高的红发巨人。

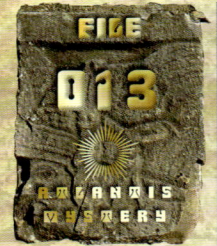

## 俄罗斯的长头人

外星人为地球带来文明？

▲于俄罗斯发掘的长形头骨，这是神秘的未知人种吗？

公元2005年，人们在俄罗斯西南部挖出的人类头骨中，发现有些头骨的后脑勺非常发达。这些头骨是在古代游牧民族奄蔡人（奄蔡，名称始见于《史记》，是古代丝绸之路上的游牧民族，在史书上曾译为阖苏、阿兰聊国、阿兰及阿伦等）的埋葬地发现的。在这里总共发现了一百个以上的头骨，其中有三个是有着长长的后脑勺的"长头人"。据说埋藏头骨是此地区的风俗习惯，所以发现再多的头骨也不足为奇。奇妙的是，这种长头头骨和长头的雕像也在埃及、南美洲等地的遗迹中发现了。因为长头人的脑容量很大，所以有人主张，长头人就是为人类带来文明的巨人或外星人。

（地点）俄罗斯
（年代）不明
冲击程度 ★★★☆☆
神秘程度 ★★★☆☆
文明程度 ★☆☆☆☆

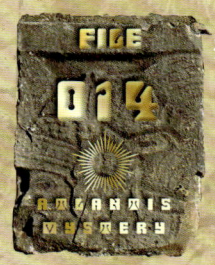

## 第2章 超古代文明的怪物们

## 奥尔梅克的巨石人头像
### 美洲最古老的文明秘密

美洲大陆最早的文明是公元前1250年于墨西哥附近兴盛的奥尔梅克文明。墨西哥的拉本塔遗迹里有谜一样的巨石人头像,据说制作巨石人头像的材料是从数十千米外的山上搬运过来的玄武岩,重达50吨。

搬运方法始终是一个谜团,但更不可思议的是这个巨石人头像的原型。巨石人头像的鼻子很低,嘴唇很厚,比起当时美洲大陆的蒙古人种,其特征更像非洲人种。但是并没有任何有关非洲人渡海过来的证据。墨西哥附近有巨人般的未知人种存在吗?

▲在拉本塔遗迹中发掘的巨石人头像。

(地点)墨西哥
(年代)约公元前1250年
冲击程度 ★★★★★
神秘程度 ★★★★★
文明程度 ★★★★★

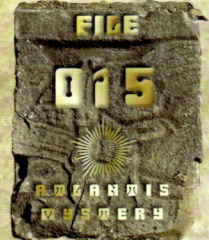

# 南非的巨人脚印

## 两亿年前巨人确实存在吗？

▲南非的巨人脚印，连脚指头都清楚地印在岩石上。

位于南非东北部的岩场内，有一个长约1.2米的奇怪低洼。假如这个低洼不是偶然形成的，也不是伪造的，而是人类留下来的脚印的话，那么推测这个人类至少有7米高，也就是一个巨人。

这块岩石为花岗岩，约在30亿至2亿年前形成。因为花岗岩是岩浆在地下深处凝固而成的，所以此巨人脚印到底是如何形成的，现今已无从得知。根据澳大利亚的欧帕兹研究学家克劳斯·多纳的说法，在斯里兰卡也有一个与这个巨人脚印几乎一样大的左脚脚印。

（地点）南非
（年代）30亿年前至2亿年前
冲击程度 ★★★★☆
神秘程度 ★★★☆☆
文明程度 ★☆☆☆☆

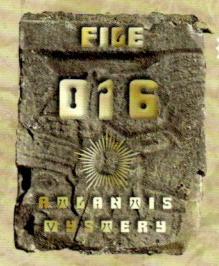

## 卡迪夫的巨人化石

**在牧场找到的化石**

**第2章 超古代文明的怪物们**

公元1869年10月,据说在位于美国纽约州的卡迪夫,有一座农场在凿井时,发现了一件惊人之物。该惊人之物是一块长3.16米的巨人化石。这块巨人化石是在扭转身体的状态下形成的,连眼窝、鼻孔和毛孔都清晰可见。

"《圣经》中的巨人真实存在吗?"这项重大发现在全美引起了大骚动,连日来,农场的参观游客倍增。但真相竟是,这块巨人化石是以石膏制成的,似乎是以《圣经》中的巨人传说为灵感制成的恶作剧。

巨人身上的毛孔都是以针戳成的,化石是用动物的遗骨和植物的外壳等比较坚硬的材料做成的,事实上并没有像这样以完整人体的状态形成的化石。

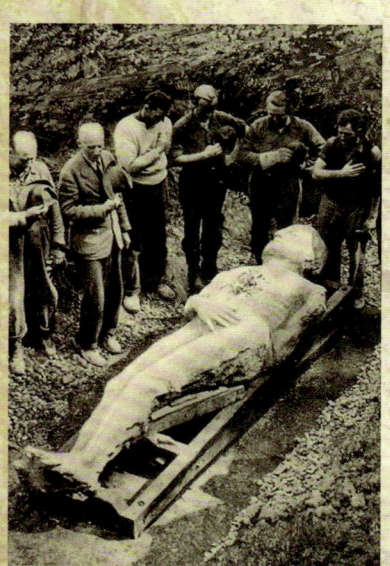

▲发现于卡迪夫的巨人化石。

(地点)美国
(年代)不明
冲击程度 ★★★☆☆
神秘程度 ★☆☆☆☆
文明程度 ★☆☆☆☆

# 阿杰尔高原的巨人

## 与人类相差甚远的奇怪模样

（地点）阿尔及利亚
（年代）不明
冲击程度 ★★★☆☆
神秘程度 ★★★☆☆
文明程度 ★★☆☆☆

**White Giant**
▲ 位于阿杰尔高原的谜之岩画——白色巨人。

▼（上图）在空中飞行的谜一样的人物岩画。（下图）广大的岩石沙漠阿杰尔高原。

**位**于非洲阿尔及利亚东南部的撒哈拉沙漠有一片被称作"阿杰尔高原"的台地，这片台地是联合国教科文组织评定的世界遗产。阿杰尔高原上有一面岩画，它能追溯到8000年前。岩画以白色和红棕色等色调为主，上头绘有狩猎与放牧的场景。

据说岩画上画的都是现今的沙漠中看不到的事物，比如在湿润的土地上栖息的动物以及早已绝迹的生物等。也就是说，这面岩画是在撒哈拉沙漠草木茂盛、水资源丰富的时候绘制的。

其中格外引人注目的是高3米的被称作"白色巨人"的岩画。白色巨人的头上长有六只角，两只手腕上有奇怪的突起物，与地球上任何生物的模样都相差甚远。除此之外，它的头部还有像触角的突起物。而且岩画上有的人物是飞在天空中的。

当时的人到底看见了什么样的怪物，才会画出这面岩画呢？俄罗斯科学评论家亚历山大·克塞契夫看了这面岩画后认为，这个白色巨人是外星人，但他并没有确切的证据可以证实。因此，这面岩画的内容目前还是个谜团。另外，有学说指出，这儿附近之所以会沙漠化，是因为在远古时期发生了核战争。也有人认为，白色巨人是过去为了调查沙漠化而来访的外星人。

第2章　超古代文明的怪物们

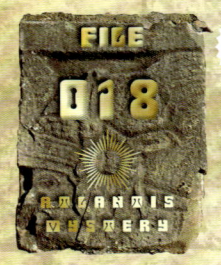

## 遮光器土偶

戴着护目镜、身穿太空衣的谜一样的人物

日本青森县津轻市出土了一个绳文时代的谜之土偶（制成人形的土制品）。

这个土偶高37厘米，有着一双巨大的横线眼睛，穿着带有一点儿圆滑的机械设计感的衣服。

在这以后，日本东北地区陆续发现了不少土偶。虽然其与最初发现的多少有些差异，但它们都有着巨大的眼睛以及圆滑的衣服。这些土偶被认为是在约3000年前的绳文时代制作的。

▲亚历山大·克塞契夫。

因纽特人为了保护眼睛，避免其被雪地反射的太阳光所照射，便戴着名为"遮光器"的护目镜。因为土偶的眼睛与这种遮光器很类似，所以它被称作"遮光器土偶"。

那么，土偶的外形又代表着什么呢？一般人认为土偶代表着女性，但俄罗斯科学评论家亚历山大·克塞契夫认为，土偶是"古代的外星飞行员"。听说造访地球的外星人除了穿着太空服、戴着头盔外，头顶还有触角。因为土偶看起来好像戴着可遮光的眼镜，所以，也有人说它代表着的外星人可能是从一个阳光不足、微暗的星球来的。

（地点）日本青森县
（年代）约3000年前

冲击程度 ★★★★★
神秘程度 ★★★★☆
文明程度 ★★★☆☆

# 第2章 超古代文明的怪物们

Shakoki-Dogu

▲日本绳文时代的代表——遮光器土偶。有些人认为土偶的奇特眼镜是为了强调眼睛。

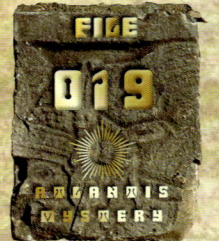

# 知部善古坟的外星人

## 七个圆的象征意义

▲知部善古坟内的壁画。人物的上面有七个圆。

位于日本熊本县山鹿市的知部善古坟建于6世纪初，古坟总长45米，前方正、后方圆。坟墓内部的石室中有一面奇妙的壁画。

在这面壁画上，画着一个头上长有三个角状物的人物，在头的上方还画着七个圆，而这个人物的姿势像在叩拜太阳。根据考古学家的说法，这个人物是一个头戴皇冠的古代人，七个圆则代表着七个太阳。也有人说这些圆代表的其实是来到地球的飞碟（UFO），而这个人物是外星人。若是这么想，那么其头上的角也许能看成头盔上的触角。古代日本真的曾有外星人来访吗？

（地点）日本熊本县
（年代）6世纪
冲击程度 ★★★☆☆
神秘程度 ★★★★☆
文明程度 ★☆☆☆☆

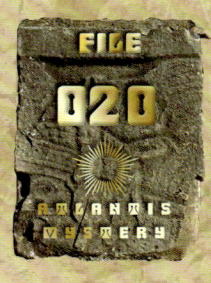

## 福国沛洞窟内的有翼人

### 壁画上怪物的真面目

**福**国沛洞窟位于日本北海道西部余市町，为2000年前左右的遗迹。洞窟内部有两百多幅以线刻画的图，大部分图都刻画着船、鱼和当时狩猎的画面。

但是，在这些画作中有一幅比较奇特的图，其内容为许多个被称为"有翼人"或"有角人"的怪物。它们有着鸟一般的羽翼，头上长着角，总数有近百个。据说，它们其实是当时的巫师假扮的。

如果这些被刻画的怪物是真实存在的，那么它们就可能是来访地球的外星人，翅膀为小型的飞行装置，角则是触角。

第2章 超古代文明的怪物们

▶福国沛洞窟的墙壁上刻画的有翼人之一。

〖地点〗日本北海道
〖年代〗约2000年前
冲击程度 ★★★★☆
神秘程度 ★★☆☆☆
文明程度 ★★☆☆☆

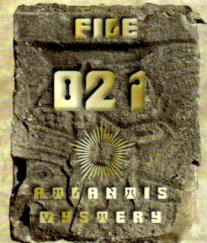

## 秘鲁的外星人

### 与人类不同的基因

▲拥有巨大头骨的秘鲁木乃伊。

公元2011年,人们在秘鲁东北部的山岳地带发现了两具奇怪的木乃伊。它们长1米左右,年代是大约500年前。这两具木乃伊竟有着让人惊呼的巨大头骨,其大小几乎是身体的一半。

在现场调查的俄罗斯与西班牙的人类学学者表示,这两具木乃伊的头与身体竟然有这么异常的比例,绝对不是人类。事实上,在这之后,他们做了基因(DNA)检测,结果显示其与地球上的生物截然不同。因此,这两具木乃伊的真面目或许真的是来自外太空的外星人呢!

(地点)秘鲁
(年代)约500年前
冲击程度 ★★★☆☆
神秘程度 ★★★★☆
文明程度 ★★☆☆☆

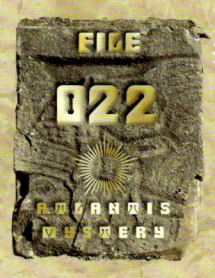

## 喷火怪物

### 艾尔巴尔遗迹的浮雕

中 美洲危地马拉的艾尔巴尔遗迹中留存着一座奇异的浮雕石碑。浮雕上有一只正在喷火的怪物！这只怪物头上戴着一顶及肩的头盔，头盔后面有一根凸出的管子，连接着背后的装置，嘴巴则喷出了像火一样的东西。

不过，专家表示，这幅浮雕刻画的是玛雅人玩球的模样，人物戴着的是猴子或负鼠的皮，嘴巴喷出来的则是水。也有人认为，这是玛雅人目击外星人并将外星人当成神崇拜的画像。

第2章 超古代文明的怪物们

▶艾尔巴尔遗迹里的「喷火怪物」浮雕。

（地点）危地马拉
（年代）约400年前
冲击程度 ★★★★☆
神秘程度 ★★☆☆☆
文明程度 ★★★☆☆

**专栏 | 原来如此！超古代文明学②**

# 人类曾经与恐龙共存？

☞ **恐龙是何时绝迹的呢？**

恐龙现今已经灭绝。如果人类的祖先拥有与恐龙相关的知识，那这些相关知识就是所谓的时空错位古物"欧帕兹"了。

那么，恐龙是什么时候灭绝的，又是怎么灭绝的呢？

恐龙从地球上消失，是在约6500万年前的中生代白垩纪末期。恐龙灭绝的原因，有人认为是一颗小行星（巨大的陨石）撞击了墨西哥的尤卡坦半岛，推测小行星的直径为10至15千米，它给地球带来了极大的影响。

小行星撞击地球后，扬起的尘埃遮蔽了太阳光，天空布满了厚重的云。连续下了好几天酸雨，导致植物枯萎，而首当其冲的就是植食性恐龙。不久，站在生物链顶端的肉食性恐龙也逃不过灭绝。除了小型的哺乳类动物和从恐龙演化来的动物——在空中飞行的鸟——勉强存活下来以外，事实上，所有恐龙都消失了。

# 恐龙时代的地层有人类的脚印

另外，人们从发掘恐龙化石的现场发现了显示人类与恐龙可能共存过的证据。美国得克萨斯州格伦罗斯的帕拉克斯川是著名的恐龙化石产地。这里的河床上除了恐龙化石，也发现了"不可能出现"的化石：在1.4亿年前至1.1亿年前形成的白垩纪石灰岩地层里，居然有人类脚印的化石！

而且不止一个脚印，到现在为止，已证实的人类脚印多达八十个！其中有小型的恐龙脚印与人类脚印交错的痕迹，先是人类脚印，接着恐龙脚印覆盖在上面。

当然，古生物学学者并不认同这些脚印。他们认为，如果恐龙真的曾经与人类共存，那就违反了进化论。

▶在美国帕拉克斯川留存着恐龙脚印与人类脚印交错的化石。

### ☞ 人类的历史会被改写吗？

人们在比恐龙时代更古老的地层中发现了疑似人类的痕迹。在美国犹他州的羚羊泉，从古生代寒武纪（约5.42亿年前至4.85亿年前）的地层中发现了"鞋印"化石。证明这个化石为非自然形成的证据是：鞋印上沾有被踩烂的三叶虫的痕迹。

此外，美国得克萨斯州格伦罗斯郊外，人们在1亿年以上的古老地层中发掘了人类手掌形状的化石。同样地，在格伦罗斯郊外的白垩纪地层中，居然也发现了手指形状的化石，听说以X射线照射后，连化石内类似骨头的东西都看得到。

一般人认为，人类的祖先诞生于约700万年前，这是无法颠覆的事实。而关于恐龙欧帕兹，有人认为，那是不认同进化论的人捏造出来的。的确，如果恐龙欧帕兹为真品，那么不只是人类的历史，连生物的历史都必须重新审视了。

▲（上图）内有骨头的人类手指化石。（下图）人类的鞋子形状的化石，被踩烂的小型三叶虫在鞋底。

即使如此,将这些"知识"与"证据"流传下来的是否是从未来穿越过来的时空穿越者或外星人呢?此外,说不定现在还有残存的恐龙,它们正悄悄地在哪里生活呢。它们或许是某种未知生物,现在正在我们不知道的某个地方与人类共存呢!

▲在白垩纪的地层中发现的人类手掌形状的化石。
▶化石上的恐龙脚印覆盖在人的脚印上。

# 第3章 超古代文明的欧帕兹（技术篇）

在古代藏着不可能出现的拥有高度技术的谜一样的古物……它们到底是谁制成的呢？

# FILE 023
ATLANTIS MYSTERY

## 安提基特拉机械

预测天体运行位置的古代计算机

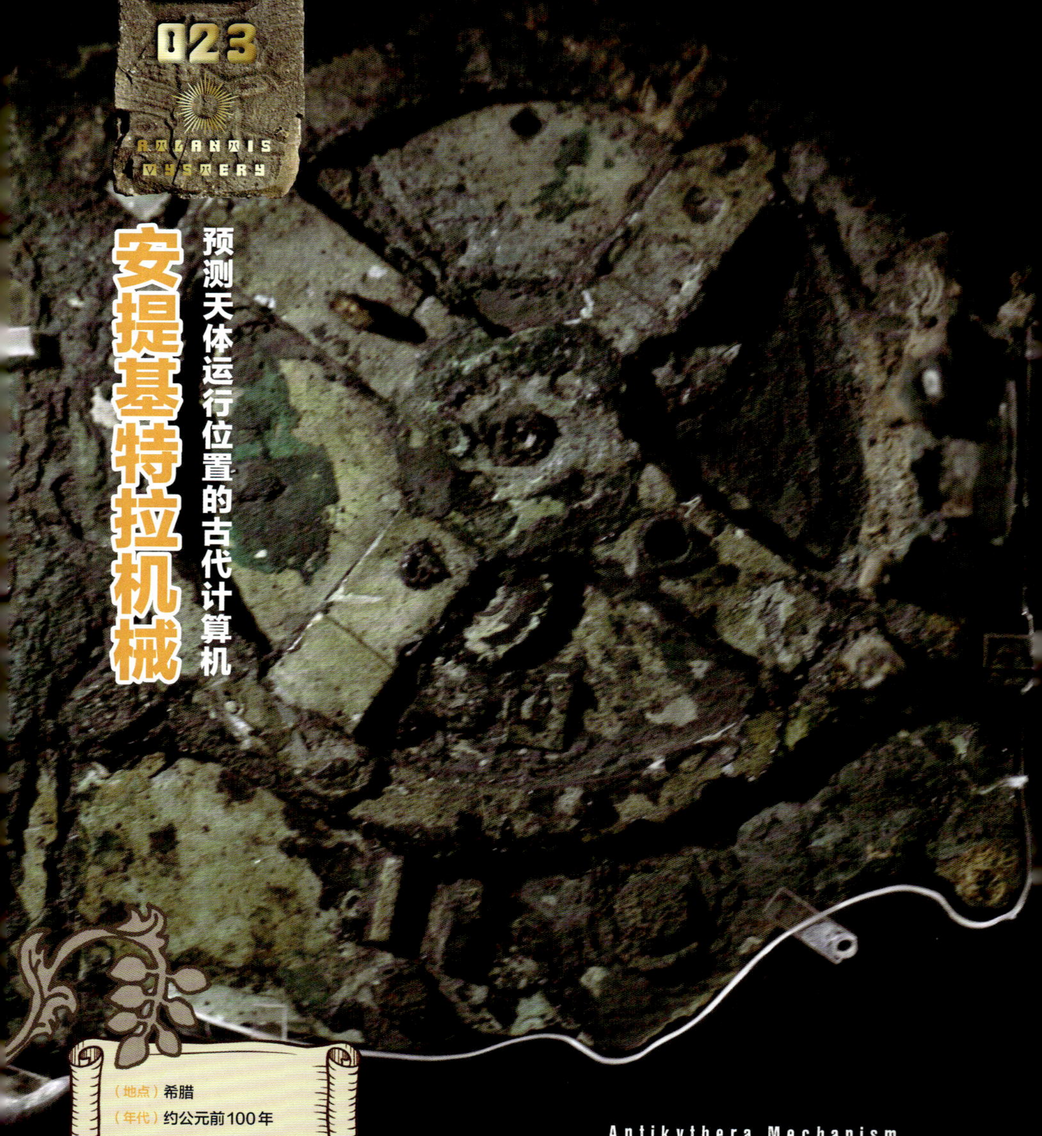

《地点》希腊
《年代》约公元前100年

冲击程度 ★★★★★
神秘程度 ★★★★☆
文明程度 ★★★★★

**Antikythera Mechanism**

▲具有复杂齿轮的安提基特拉机械。

◀ 从沉船中发现的机械。除了齿轮以外,还看得到它的刻度盘和文字。

▶ 在近年的研究中,机械表面的文字变得清晰可见。这是2000年前的古希腊文字。

## 第3章 超古代文明的欧帕兹(技术篇)

### ❶ 谜一样的古物曾经是天文观测器

在全世界的欧帕兹(时空错位的古物)中,技术最精密的、被称作"人类最古老的计算机"的就是名为"安提基特拉机械"的齿轮式机械。

公元1900年,希腊的渔夫们遭遇强劲的暴风雨,只好放弃捕鱼,停靠在安提基特拉岛上。

隔天,由于这一带是他们没来过的渔场,渔夫们便决定搜寻这里的海底。他们在海底偶然找到了一艘古罗马的船,在船内不仅发现了美丽的铜像,也发现了"安提基特拉机械"。

此机械为青铜所制,由于海水的腐蚀,已变得斑驳。它由三个转盘组成,最大的转盘长17厘米,宽15厘米。机械的表面有齿轮,有一个转盘上密密麻麻地刻着古希腊文字。

对此高度关心的雅典国家考古博物馆对这个机械使用了放射性碳定年法，得知它是在约2000年前，也就是公元前100年制成的。

在这之后，弄清楚这个机械的真实面貌的是英国剑桥大学研究科学史的德瑞克·普莱斯博士。普莱斯博士专注地注视着齿轮结构，在快完成研究时得出了一个结论：这个机械是预测太阳与月亮运行位置的天文观测器。令人惊讶的是，听说为了计算出月亮的圆缺，这个机械里还使用了"差速器"。

所谓的差速器，就是结合两个回转数不同的齿轮，以创造出新的转速结构的仪器，现今也运用在汽车上。但是，现在运用的差速器技术是16世纪的德国发明的。

▼重现"安提基特拉机械"的德瑞克·普莱斯博士。

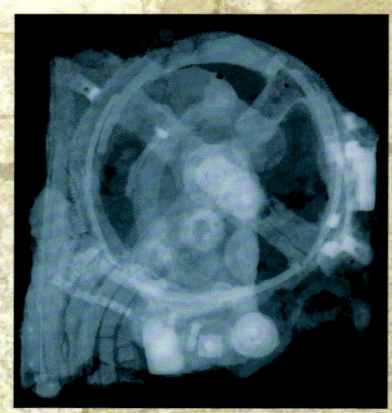

▲机械内部的X射线照片。大小不一的齿轮相互咬合。

## ❷ 最新调查情况

2005年，雅典大学等组成团队，开始对这个机械进行分析。他们使用了最新的影像扫描器，除了其内部的构造以外，连无法清楚阅读的1.5万个文字也清晰可见。分析结果证实，这个机械不只有超精密的机能，说它是计算机也不为过。这个机械的背面遵循着月亮的轨道转动，正面则重现了当时的太阳、月亮和其他五个行星的天体运行。

▲以2005年以来的调查结果为基础制成的机械（表面）重建图。

那么，这个机械到底是什么时候被制成的呢？机械研究人员认为，现今最有力的依据是古希腊数学家阿基米德的学说。

此外，还有一个谜团，那就是既然古人发明了这么精密的机械，那么我们为什么没发现与这个古物相同的机械或以这个为基础制作的机械呢？

如果像亚特兰蒂斯一样的超文明是实际存在的，那么，相信这样的超文明发明的天文观测器会流传至后世的希腊。作家亚瑟·查理斯·克拉克表示："如果古希腊人将有关安提基特拉机械的知识持续发展，现在的我们可能就可以飞到附近的星球上了吧！"

第3章 超古代文明的欧帕兹（技术篇）

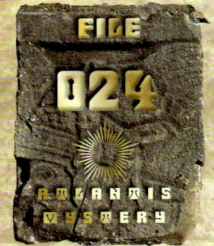

# 水晶骷髅

## 超古代文明隐藏的秘密

### ① 不可能存在的精巧骷髅

水晶骷髅是仿人类的骷髅（即头骨或尸骨）制成的神秘水晶加工物。根据北美原住民的传说，世界各地有十三个从太古时期的地球流传至今的水晶骷髅。据说，如果将这些水晶骷髅集中在一处，超古代文明的一切就将明朗化。

1927年，英国探险家弗雷德里克·米切尔·海吉斯声称，他在位于伯利兹的玛

▲图为到鲁巴阿杜遗迹探险的米切尔·海吉斯（右）。

雅遗迹鲁巴阿杜里发掘了"海吉斯骷髅"（Hedges skull）。

海吉斯骷髅几乎完全再现了人类的头骨，下颌可以拿起来。从解剖学的角度来看，它可能是玛雅女性的头骨，有着独特的棱镜构造，若从头骨下方打光，眼睛则会发光。

像这样的骷髅是什么时候制成的呢？又是由谁制作的呢？

水晶加工非常困难，若不事先了解结晶性质，水晶常常会在加工过程中破裂。

2007年，美国的史密森学会的珍·沃尔希博士调查海吉斯骷髅后得知，它是使用钻石切割器和机械制成的。

〔地点〕不明（各地）
〔年代〕不明
冲击程度 ★★★★★
神秘程度 ★★★★☆
文明程度 ★★★☆☆

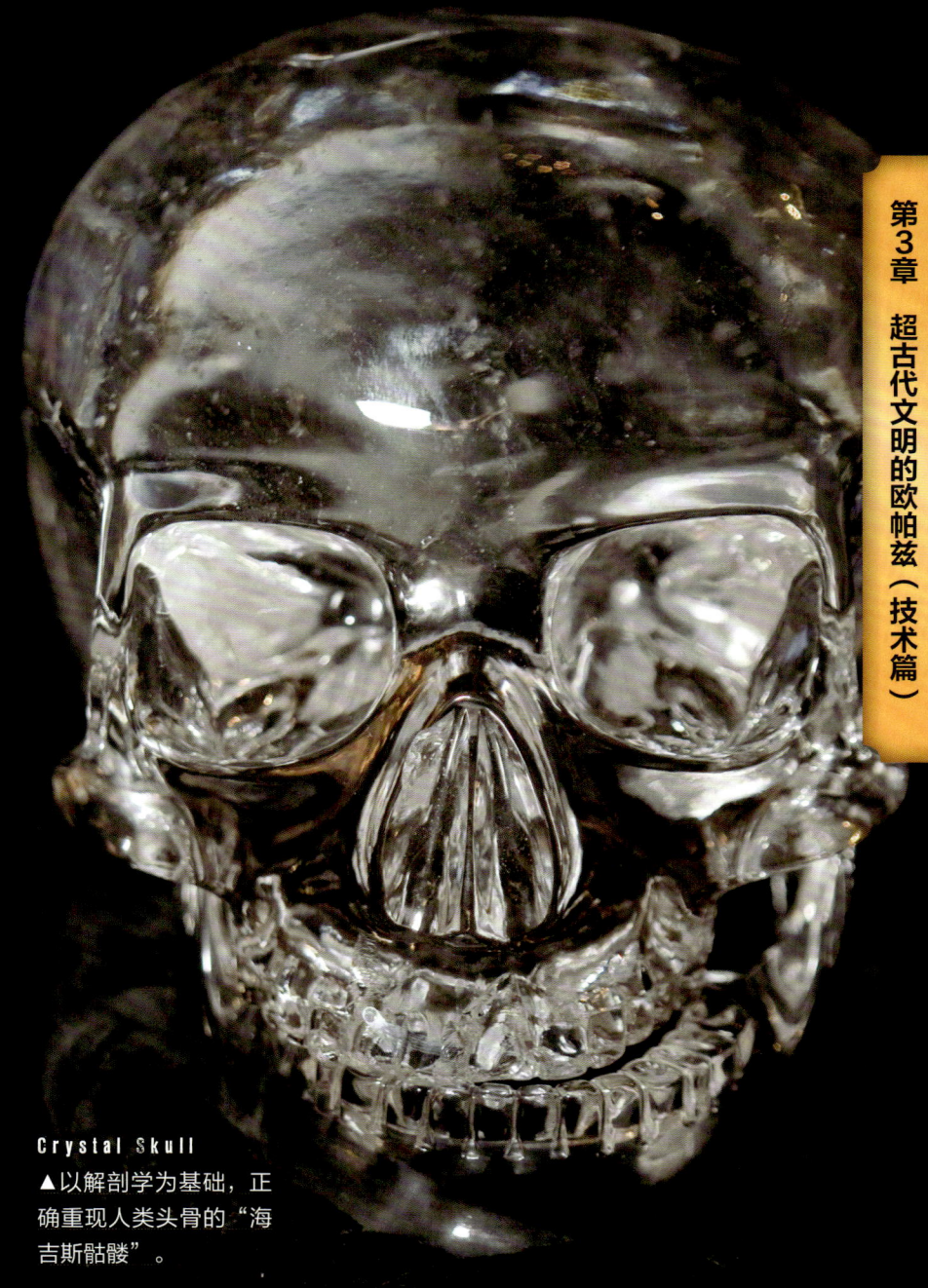

第3章　超古代文明的欧帕兹（技术篇）

Crystal Skull
▲以解剖学为基础，正确重现人类头骨的"海吉斯骷髅"。

因此，海吉斯骷髅的制成年代普遍被认为是19世纪之后，但也有人认为它是在太古时期以机械制成的。

总之，以玛雅人的技术，应该无法做出这样的加工品吧！因此，许多人依旧主张海吉斯骷髅是超古代文明的古物。

## ❷ 水晶骷髅在世界各地！

除了海吉斯骷髅，在世界各地

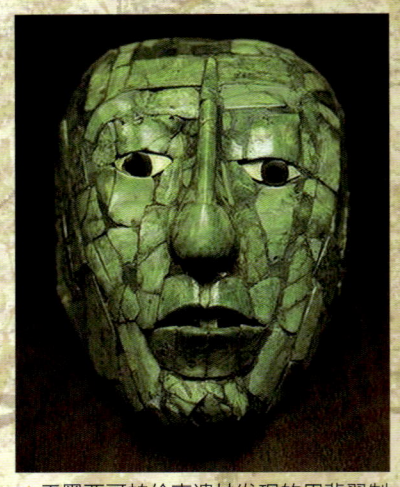

▲于墨西哥帕伦克遗址发现的用翡翠制成的面具。玛雅人通常将翡翠当成贵重物品，经常将其用于制作国王的饰品等。

还发现了许多水晶骷髅，但是它们都没有海吉斯骷髅那般精巧。

关于这些水晶骷髅，许多科学家反复调查了古代遗物和近年来制作的工艺品。调查结果显示，英国大英博物馆收藏的水晶骷髅（不列颠骷髅）以前被当作古墨西哥的产物，但现在被认为可能是19世纪后用巴西或马达加斯加产的水晶制成的。

通过电子显微镜等的分析，科学家得知史密森学会的水晶骷髅（诅咒骷髅）制作时使用的是钻石研磨器。而法国的布朗利河岸博物馆里的水晶骷髅使用的则是巴西产的水晶，与诅咒骷髅的制作年代相同，也就是19世纪后。

那么，真正的水晶骷髅存在吗？如果米切尔·海吉斯发现水晶骷髅的事迹是捏造的，北美原住民的传说"集齐十三个水晶骷髅，超古代文明的一切将明朗化……"又是怎么回事呢？至今尚未有明

# 第3章 超古代文明的欧帕兹（技术篇）

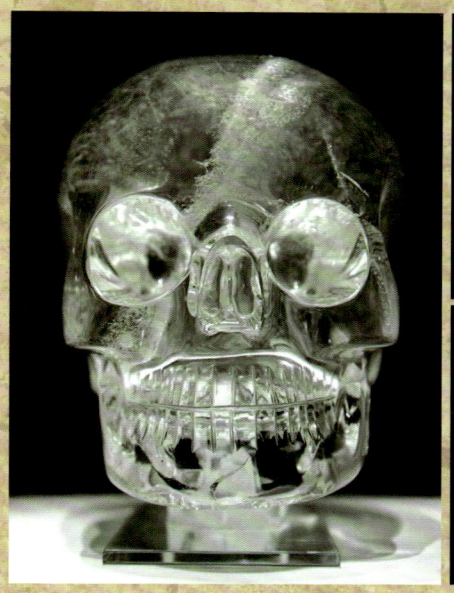
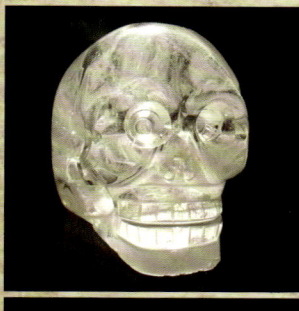

▲ 不列颠骷髅（左图）、法国的水晶骷髅（右图上）和诅咒骷髅（右图下）。无论哪个，都是在近现代制作而成的。

确的答案。

　　水晶是石英的美丽结晶，自古以来一直被认为有神秘力量寄宿在内。你是否听说过，神秘的巫师凝视着水晶球，叙述着其看见的关于未来的故事呢？听说有些水晶骷髅会回应拥有神秘力量的人的呼唤。而这种神秘力量的背后或许还隐藏着许多不为人知的秘密呢！

▲ 据说，世界上有十三个真正的水晶骷髅，每个都藏有神秘的力量。

## 南非的金属球

### 球体中心的凹槽是人为制造的吗？

▼在南非的矿山里发现的数颗金属球。

▲有些球体的中央有一道漂亮的凹槽。

**豆知识 MEMO**

研究家的分析结果显示，金属球的成分为赤铁矿和硅灰石等结晶体。也就是说，这些神秘的球体并非"金属制成的球"（金属球），而是岩石的一种。其谜团在于凹槽是如何形成的。

南非的库雷尔库斯多尔布博物馆里展示着几个中心刻着凹槽的谜一样的金属球体。这种神秘的球体是在南非西北部的矿山约30亿年前的矿脉里一种名为"叶蜡石"的矿石中找到的。

人们在叶蜡石里找到了几个这样的神秘球体，且球体中心几乎都有凹槽。有些球体的内部是空的，有些则充满了玻璃性质的纤维。如果这道凹槽并非自然形成，而是人为制造的，那么到底是谁刻上去的呢？博物馆前馆长表示，最奇妙的事是，这些在玻璃柜里展示的神秘金属球体每年似乎都会顺时针旋转一至两次。

（地点）南非
（年代）约30亿年前
冲击程度 ★★★★★
神秘程度 ★★★★★
文明程度 ★★★★★

## FILE 026

## 带有弹痕的原牛头骨

### 是谁射击了原牛？

在俄罗斯科学院的古生物博物馆里，保管着于17世纪灭亡、家畜牛的祖先原牛的头骨。

这个头骨是在俄罗斯首都莫斯科附近的勒拿河中发现的，年代为约4000年前。

虽然头骨的额头上开了一个小孔，但小孔四周并没有放射形状的裂痕。

这样疑似枪击产生的水平弹道，意味着可能是子弹直接命中了原牛的头部。

数千年前的人类怎么可能持有枪支呢？射击原牛的犯人其实是来访地球的外星人吧？

第3章　超古代文明的欧帕兹（技术篇）

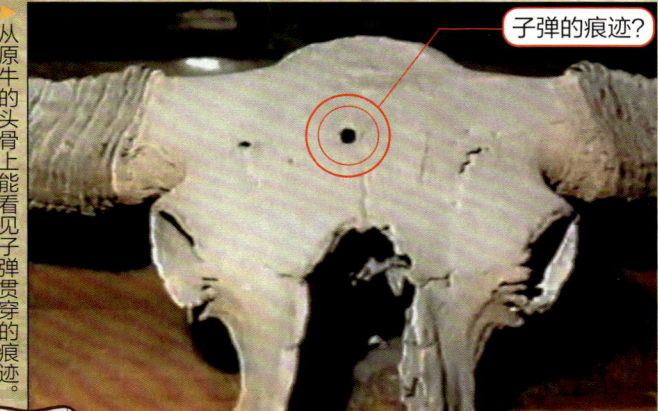

子弹的痕迹？

从原牛的头骨上能看见子弹贯穿的痕迹。

〔地点〕俄罗斯
〔年代〕约4000年前
冲击程度 ★★★★☆
神秘程度 ★★★★☆
文明程度 ★★★★★

▶ 法国的拉斯科洞穴中有1.5万年前的壁画，上面画着原牛的样貌。

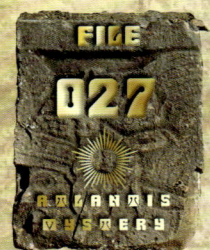

FILE 027

## 巴格达的电池

### 古代人也在使用电吗？

▶把壶当成电池的情况下制作的重现模型。使用电池的目的是什么呢？

▲被发掘的壶和从壶里取出的东西。图的中间为铜管，右边为铁棒。

**电**池被发明的时间是1800年，最早的电池叫伏打电堆。然而，人们在伊拉克的巴格达附近发现了推翻常识的奇妙之壶。这些壶为陶制品，高约13厘米，制成时间在公元3世纪至7世纪。壶的内部有铜管，铜管中放有一根铁棒。

1939年，美国的电力技术人员以几乎相同的结构模型进行实验，实验结果产生了惊人的电力。然而，真的能将陶壶当成电池使用吗？目前还找不到证据可以证明。如果这些陶壶真的是电池，那么这项发明被遗忘了一千多年！

〔地点〕伊拉克
〔年代〕公元224年至640年
冲击程度 ★★★★
神秘程度 ★★★★
文明程度 ★★★★★

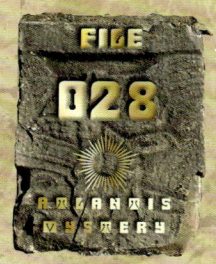

# 第3章 超古代文明的欧帕兹（技术篇）

## 镁铝合金制的牡鹿雕像

### 古代已有20世纪的技术？

位于土耳其中央的阿拉贾赫尤克遗迹是约4000年前的西台帝国的繁华城市之一。从阿拉贾赫尤克遗迹中发现了一尊高约20厘米的牡鹿雕像，牡鹿雕像的头上镀有银色的镁铝合金。

所谓的镁铝合金，是1909年德国艾勒克托隆公司开发的合金之一。镁铝合金的成分以镁为主，再加上铝和锌等金属，由于材质轻巧、性能稳定，常作为飞机等机械的内部零件。这样的合金技术为什么会出现在西台帝国呢？西台帝国确实拥有精密的制铁技术，看来当时的人们可能也拥有能与现代匹敌的金属加工技术。

镁铝合金

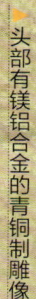

头部有镁铝合金的青铜制雕像。

(地点) 土耳其
(年代) 4000年前
冲击程度 ★★★★★
神秘程度 ★★★★★
文明程度 ★★★★★

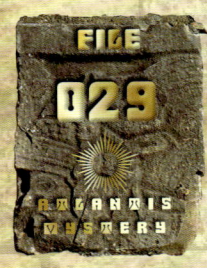

## 印度的不锈铁柱

### 秘密就在于乌兹钢

在印度新德里郊外的顾特卜塔里矗立着即使风吹雨打也不会生锈的纪念碑"不锈铁柱"。这根不锈铁柱也被称为"阿育王铁柱"。

铁柱的高度包含埋在土里的部分共9米，直径44厘米，重达6吨。铁柱上以印度的古代语言刻了六行碑文，据说是为了纪念统治印度400年的旃陀罗笈多二世而建造的。

铁是很容易生锈的金属，通常在历经50年后就会变得斑驳不堪，这根铁柱却保有建造时的模样。

有人认为这根铁柱不易生锈的原因之一或许是建造它时利用了含碳量较高的"乌兹钢"。10世纪左右，古印度开发了制造乌兹钢的技术，大马士革刀就是以这种技术制成的。但是，18世纪，由于作为原建材的铁矿已被开采殆尽，这项技术也跟着销声匿迹了。据说，就连现代的我们要正确制作出乌兹钢也非常困难。这真的可以说是最具有代表性的欧帕兹了！

▲顾特卜塔的建筑群。

(地点) 印度
(年代) 约公元400年
**冲击程度** ★★★★★
**神秘程度** ★★★★★
**文明程度** ★★★★★

Iron Pillar in the Qutub Minar

▶顾特卜塔展现了伊斯兰教与印度教的色彩。图片中心即为不锈铁柱。

第3章 超古代文明的欧帕兹（技术篇）

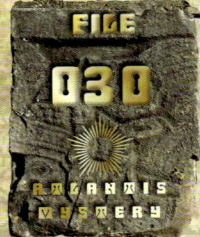

## 秘鲁的脑外科手术

### 2000年前已拥有高度的医疗技术？

▲ 人们在秘鲁发现了许多印加帝国的脑部外科手术头盖骨（图为石膏制的头盖骨模型）。

**豆知识 MEMO**

印加文明的脑外科手术并不是为了摆弄脑部，而是依据出血量防止脑部压迫而进行的单纯的手术。也有人认为这是高度先进的医疗技术。

据研究，12至16世纪于秘鲁繁盛的印加文明曾进行过脑外科手术。

这段时间的秘鲁人打仗时通常以石器攻击敌人的头部，导致其头骨上有许多颅内出血的伤痕。为了放出颅内的瘀血，当时的人们似乎会动手术打开伤者的头盖骨。秘鲁疑似从2000年前起就开始进行头部手术了。根据术后死亡人数并不多这一点，我们可以得知，除了脑部开刀手术，当时也具备麻醉和环境卫生等技术与知识。此外，有人认为古代中国、西亚的亚美尼亚也曾经有人动过脑外科手术。

（地点）秘鲁
（年代）约2000年前
**冲击程度** ★★☆☆☆
**神秘程度** ★★★★☆
**文明程度** ★★☆☆☆

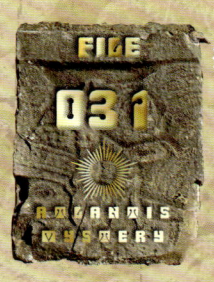

## FILE 031

## 恐龙时代的铁锤

### 白垩纪惊人之作

第3章 超古代文明的欧帕兹（技术篇）

公元1934年，人们在美国得克萨斯州发现了一根在岩石结晶中凸出的木棒，将岩石剖开后，竟发现了一根金属制的铁锤。

其金属部分直径为2.5厘米，包含木柄的长度约为15厘米，金属部分含有纯度为96%的铁。

更令人惊奇的是，铁锤木制柄的部分化石显示，埋藏着铁锤的地层竟然属于约1.4亿年前的中生代白垩纪。

说到白垩纪，那是个连人类都还没出现、有恐龙生存的时代。铁锤的主人到底是谁呢？

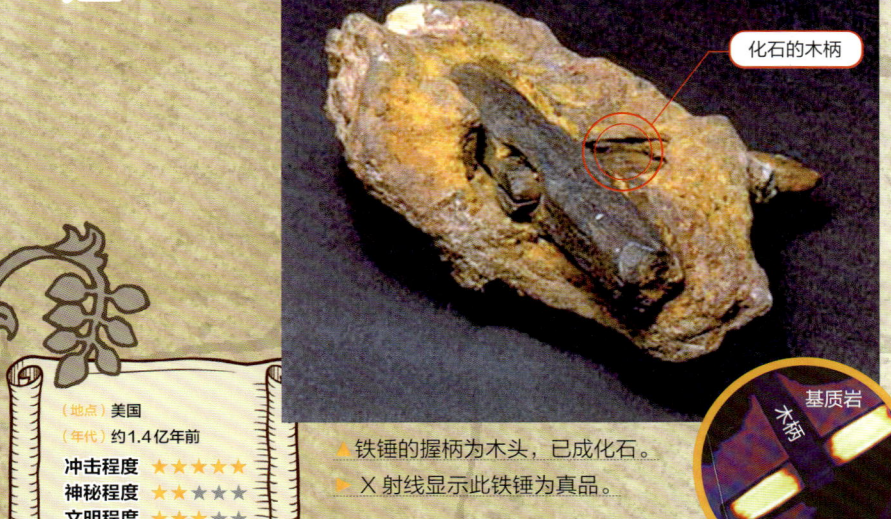

化石的木柄

基质岩　木柄

【地点】美国
【年代】约1.4亿年前

冲击程度　★★★★★
神秘程度　★★★★★
文明程度　★★★★★

▲ 铁锤的握柄为木头，已成化石。
▶ X射线显示此铁锤为真品。

# FILE 032

## 中国的手表形状铜戒指

### 穿越时空者的遗忘之物？

▲ 铜制的手表型戒指。
▶ 据说这枚在明代坟墓中找到的戒指内含贴附着棺材的土结晶。

在中国广西壮族自治区西南边的上思县，从明代（1368年至1644年）的坟墓中，人们发掘了一枚手表状的铜制戒指。奇妙的是，戒指内部刻着"瑞士"两个字。

据说当时这个地区并没有以金属开模的习惯，所以这枚戒指并非陪葬品。此外，瑞士制的手表是数十年前才传到中国的。

然而，据说发现这枚戒指的坟墓在这400年间并没有荒废。若戒指并不是在废墟中被找到的，那么可以说它是来自未来的穿越时空者的遗忘之物吧？

〔地点〕中国
〔年代〕14至17世纪
冲击程度 ★★★★★
神秘程度 ★★★★★
文明程度 ★★★★★

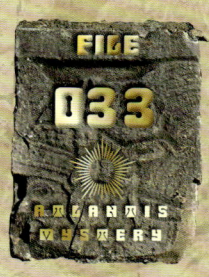

## 更新世的弹簧

### 古代不可思议的金属制品

**第3章　超古代文明的欧帕兹（技术篇）**

沿着俄罗斯乌拉尔山脉的纳拉达川寻找金矿的人们于1991年从地层中发现了大量金属性质的弹簧。

这些弹簧是在3至12米深的地层中出土的，长0.003毫米到3厘米不等。

俄罗斯与瑞典的研究机构表示，这些弹簧是用含有钼、钨的铜合金制成的，以地层判断其年代为30万年前至2万年前，这个时期属于新生代更新世。

然而，一般认为当时的人类并没有制作弹簧的技术。这些金属弹簧难道是来访地球的外星人的遗落物吗？

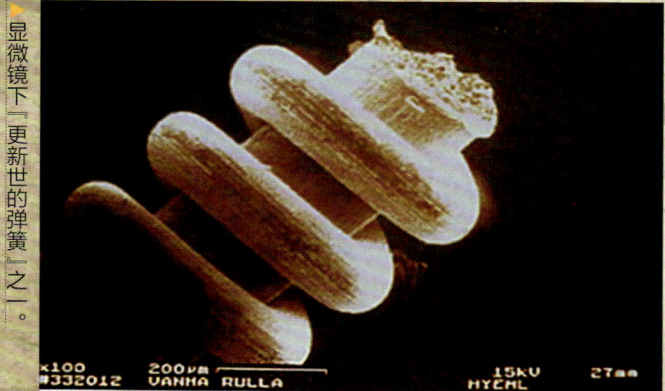

▶显微镜下『更新世的弹簧』之一。

▶在约3亿年前的海百合化石上发现了与螺丝相像的物体，但经过辨别发现此物并不是金属。

（地点）俄罗斯
（年代）30万年前至2万年前
冲击程度　★★★
神秘程度　★★★★
文明程度　★★★

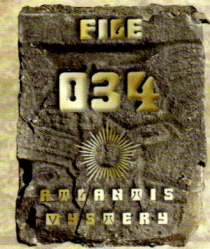

## 人面雕刻石

### 由来与用途皆不明

有一块鸭蛋形状的石头，正面刻着人类的脸，背面为新月、交叉的枪以及螺旋形状，右侧疑似为北美原住民因纽特人的帐篷，左侧为玉米的画等。它在美国新罕布什尔州（盛产花岗岩，又称花岗岩州）的温尼珀索基湖附近出土，高约10厘米，宽约6厘米。虽然从发现至今已有100年以上，但它是什么时候制作的、由谁制作的、为了什么而制作的……这些问题始终是谜。

最不可思议的是，石头上有一个垂直贯通的孔，它的直径为1至2毫米。据说这个孔连19世纪后发明的动力工具，如金属钻孔机等，都难以钻开。

▲人面雕刻石的左侧（左图）与背面（右图）。

有一位研究者认为，人面雕刻石源于古代凯尔特人以及北美原住民因纽特人。但当时并未发明金属钻孔机等工具，当然也没有类似的钻孔技术。最近有其他说法认为，包含着重重谜团的人面雕刻石是在模仿古代来访地球的外星航天员的模样。

〔地点〕美国
〔年代〕不明
冲击程度 ★★★★★
神秘程度 ★★★★★
文明程度 ★★★★★

**Mystery Stone**
▶人面雕刻石竟是以新罕布什尔州没有的方解石制成的。

第3章 超古代文明的欧帕兹（技术篇）

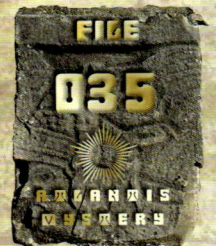

## 秦朝镀铬剑

### 从沉睡中醒过来的超技术

▲陕西省的博物馆展示的镀铬剑。
▶作为陪葬品存在的陶制士兵和马匹"兵马俑"被联合国教科文组织认定为世界遗产。

在中国陕西的一处遗址中，有约8000个陶制人俑沉睡于此，这就是公元前3世纪统一中国的秦始皇的陵墓里的兵马俑。

有一部分陶制士兵在腰间配备了一把长达91厘米的青铜剑。在青铜剑的表面竟镀有10至15微米厚、薄薄的一层铬。因此，青铜剑上还保有历经2200年本不会有的光泽与锋利。

镀铬技术是1937年德国开发的近代电镀技术。秦朝人虽然似乎知道这项高度技术，却在将之普及实用化以前遗忘了。

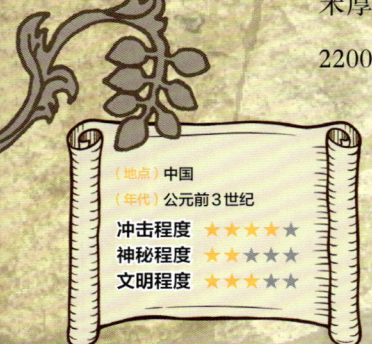

〔地点〕中国
〔年代〕公元前3世纪
**冲击程度** ★★★★☆
**神秘程度** ★★★★☆
**文明程度** ★★★★★

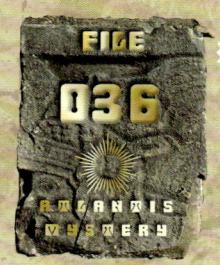

# 哥斯达黎加的石球

## 热带雨林的大发现

第3章 超古代文明的欧帕兹（技术篇）

人们在位于哥斯达黎加迪奇斯地区的热带雨林里发现了巨大的石球，数量竟多达两百个。据说较大的石球直径有2.5米，重达25吨，另有几个石球几乎接近真圆球。所谓的真圆球，指的是不管以圆外围的哪一点为起点，到中心点的距离都完全一致的球体。要制作出这样的球体，需要超精密的技术。

这些石球究竟是自然形成的，还是人造的，无从得知。如果石球为人造物，那么，虽然不知道制作目的，但制作者应该是公元300年至800年间繁荣的迪奇斯石器时代的人。目前，多数石球都已经遭到破坏，也找不到石球的半成品。

**豆知识 MEMO**

地质学将球状的沉积岩称为"结晶体"或"结核"。然而几乎没有形成了如此巨大的真圆球的岩石。

▲在哥斯达黎加发现的石球之一。

**(地点)** 哥斯达黎加
**(年代)** 公元300年至800年
**冲击程度** ★★★☆☆
**神秘程度** ★★★★☆
**文明程度** ★★★★☆

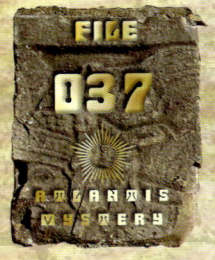

## 尼姆鲁德的水晶镜片

### 古代亚述帝国之光学超技术

▲英国大英博物馆馆藏的尼姆鲁德水晶镜片。
▶水晶镜片的焦距为12厘米,可作为放大镜使用,或聚焦太阳光以生火。

人们于伊拉克北部古代亚述帝国的遗迹尼姆鲁德中发现了一小片水晶,它的直径为4.3厘米。

水晶的一面为平面,另一面为凸面。虽然不知道其真正的用途是什么,但应该可以作为放大镜来使用的。

问题是,此遗迹的年代为公元前8世纪。放大镜的历史有许多谜团,一般认为开始使用玻璃镜片的是11世纪的伊拉克。随着时间的流逝,这近2000年间,人们似乎逐渐遗忘了水晶镜片的发明。可见,古代人或许比我们想象的懂得更多的事情。

(地点)伊拉克
(年代)公元前750年至前710年
冲击程度 ★★★☆☆
神秘程度 ★★★★☆
文明程度 ★★★★☆

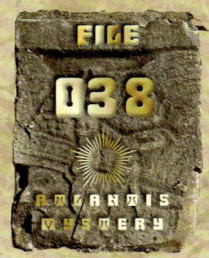

## 维京人的水晶镜片

### 从他国获取的高度技术?

**第3章 超古代文明的欧帕兹（技术篇）**

**属**于维京海盗的11世纪左右的遗迹位于瑞典哥得兰岛的维斯比，人们在其中发现了大量水晶镜片。据说，这些水晶镜片的研磨水平不亚于现代。有人认为，这些水晶镜片除了被当作装饰品，也被用于制作放大镜与望远镜等。

欧洲是从17世纪初开始使用望远镜的，如果维京人使用水晶镜片是事实，那么历史将大幅改写。此外，维京海盗入侵东罗马帝国，抢夺水晶镜片的可能性也很高。也就是说，水晶镜片的制作年代可能比11世纪更早，而且发明水晶镜片的极有可能是别的民族。

▶ 人们在此遗迹里发现了450个以上各种大小的水晶镜片。
▶ 这些镜片各式各样，其中也有制作失败的。

（地点）瑞典
（年代）11世纪左右
冲击程度 ★★★★★
神秘程度 ★★★★★
文明程度 ★★★★★

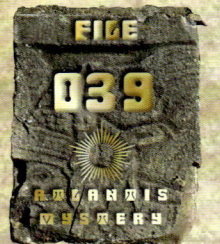

## 库斯科石阵墙

### 剃刀刀刃也进不去

库斯科的石阵代表「十二角石」。推测十二角石是以4吨重的巨石加工而成的。

整排石阵精密地堆叠，组成库斯科街区的阿东尔米尤克街的墙面。

直到16世纪，位于南美洲秘鲁安第斯山脉的库斯科，仍作为印加帝国的首都繁盛着。库斯科城内到处可见当时留下来的石阵墙。猛然一看，石阵墙是以大小不同的石头堆成的，但石头与石头紧密地贴合着，连一小片剃刀刀刃也放不进去。甚至后续建造的建筑物大多数都因地震而受灾严重，但石阵墙始终屹立不倒，抗震性非常好。

印加帝国时期还不知道铁的存在，所以有些人认为当时的人可能是利用石斧等工具切割石块，再将石块堆砌成墙的。但真的能只靠如此简单的工具就精巧地加工石块吗？

〔地点〕秘鲁
〔年代〕11至16世纪
冲击程度 ★★★☆☆
神秘程度 ★★★★☆
文明程度 ★★★☆☆

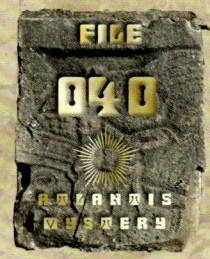

## 奥扬泰坦博的石阵

### 六面巨大的花岗岩石碑

鲁库斯科西北边约60千米处，是约500年前印加帝国的神殿奥扬泰坦博的遗迹。

奥扬泰坦博遗迹被认为是太阳神殿的一部分，建筑使用的花岗岩每块皆高4米，宽2.5米，厚2米，重量为50至80吨。

岩石与岩石中间没有缝隙，表面光滑。

令人惊讶的是，这些花岗岩的采集地是隔着河川约10千米外的一座山。

巨石到底是如何被搬运至此处的？这至今还是个谜。

**第3章 超古代文明的欧帕兹（技术篇）**

▼巨大的六面岩，背后有神殿与圣山的支撑。

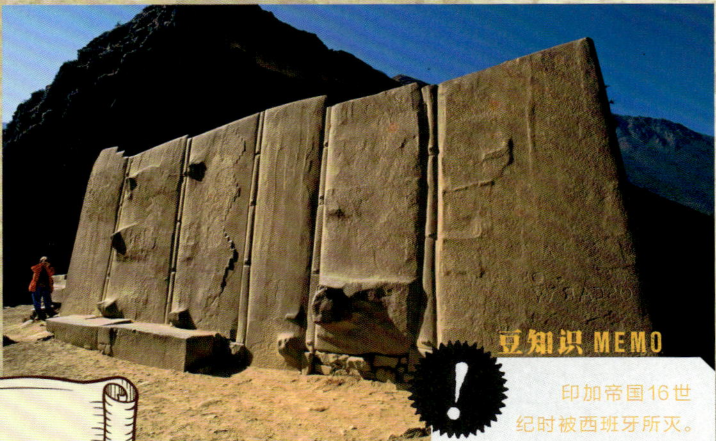

**豆知识 MEMO**
印加帝国16世纪时被西班牙所灭。奥扬泰坦博遗迹是印加帝国最后的皇帝躲藏的要塞，以此闻名。

〔地点〕秘鲁
〔年代〕约15世纪
冲击程度 ★★☆☆☆
神秘程度 ★★★☆☆
文明程度 ★★☆☆☆

## FILE 041

## 巴勒贝克巨石

要如何搬运2000吨重的巨石呢？

▲ 巴勒贝克巨石位于巴勒贝克遗迹的南边，所以也被称为"南方之石"。

距中东黎巴嫩东部的巴勒贝克遗迹约1千米远的采石场里，放置着一块切割过的名叫"巴勒贝克巨石"的岩石。

这块超大的巨石长约21米，宽4.8米，高4.2米，估计重量为2000吨，是世界上最大的切割石块。不过，要想知道确切的重量，必须将巨石吊起来测量。要搬运这样的巨石，若不用运送宇宙飞船专用的搬运车来搬运，是非常困难的。

根据当地的传说，曾经住在此地的古代闪米特人中不只有巫师团队，他们甚至能令巨人建造巨大的神殿。

【地点】黎巴嫩
【年代】约公元前1世纪
冲击程度 ★★★☆☆
神秘程度 ★★★☆☆
文明程度 ★★★☆☆

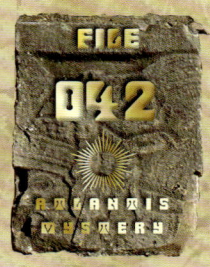

## FILE 042

## 带有弹痕的海德堡人头盖骨

### 头部中弹还能存活?

人们在非洲南部赞比亚的矿山里,发现了30万年前至12.5万年前的人类——海德堡人——的头盖骨。

头骨的左耳后方开了一个圆形小洞,其直径约8微米,但是看不到枪击本应造成的裂痕。

因此,有人认为,那是用子弹般的器物高速射击造成的痕迹。

然而,根据X射线的调查结果,头骨上的洞有愈合的痕迹,这表示此人中弹后还活着。因此,开始出现许多臆测,比如头骨的主人动过脑外科手术等。

第3章 超古代文明的欧帕兹(技术篇)

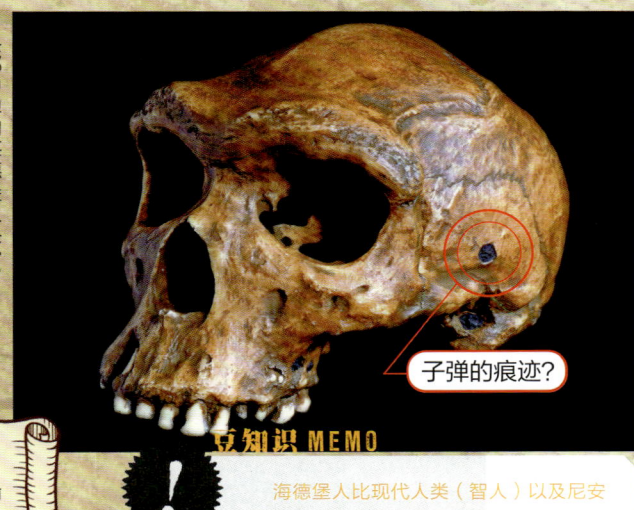

▷头部中弹的海德堡人头骨。

子弹的痕迹?

**豆知识 MEMO**

海德堡人比现代人类(智人)以及尼安德特人更早出现,是古代原始人的一种。在欧洲与非洲都曾经挖掘出海德堡人的化石。

(地点) 赞比亚
(年代) 30万年前至12.5万年前
**冲击程度** ★★★★★
**神秘程度** ★★★★★
**文明程度** ★★★★★

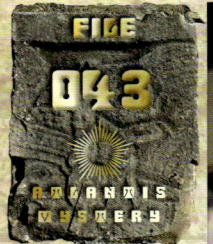

# 埃及飞轮

## 像引擎零件的陪葬品

▲埃及考古学博物馆馆藏的飞轮，以软石削制而成。有些人表示这是实物的复制品（模型）。

▶19世纪末期，埃及使用的旧式飞轮。

　　人们在埃及开罗南部的萨卡拉法老墓中，发现了一件同死者一起埋葬的奇怪陪葬品。这件陪葬品是公元前3100年左右的物品，直径约61厘米，厚度约10厘米。它与电风扇和换气扇的叶片类似，在考古学上被称作"石盘"，中央的孔看起来如同可以将东西放上去转动的轴心。古代史研究专家撒迦利亚·西琴表示，这件陪葬品与美国洛克希德公司试做的引擎零件"飞轮"非常相像。当然，古埃及应该不会出现引擎般的东西。即使古埃及人真的将它当作螺旋桨飞机的零件使用，其使用目的也是个谜。

〔地点〕埃及
〔年代〕约公元前3100年
冲击程度 ★★★★
神秘程度 ★★★★
文明程度 ★★★★

# 罗马尼亚的铝

## 自然界不存在的金属

第3章 超古代文明的欧帕兹（技术篇）

公元1974年，流经罗马尼亚阿尤德的缪雷河旁，有一位作业员在挖掘约10米深的地层时，发现了动物骨头的化石与金属的结晶。

调查结果显示，这块化石是约1万年前大象的同类乳齿象的骨头。而金属结晶长20厘米，呈楔形。

经专业人士分析，这块金属为合金，其中铝含量约90%。

但这块铝合金从未在自然界被发现过，而且铝的精炼法是于19世纪中旬才出现的，因此它不可能是在远古时期被提炼出来的。

〔地点〕罗马尼亚
〔年代〕1万年前
冲击程度 ★★★☆☆
神秘程度 ★★☆☆☆
文明程度 ★★★☆☆

▲于阿尤德发现的铝合金，它该不会是从外星人搭乘的飞碟上掉下来的吧？

**专栏 | 原来如此！超古代文明学③**

# 人类一度在核战中灭亡？

## ☞ 能将沙熔化的超高温——古代爆发过核战吗？

当然，古代人别说是持有核武器，就连核能的相关知识都没有。但据说在古代文明圈的各个地区，竟留下了许多疑似核战的痕迹。

例如，人们在非洲利比亚的沙漠地带就曾发现大小不一的黄绿色和黑色的玻璃碎片。调查发现，这些玻璃碎片曾集中在南北约13千米、东西约53千米的范围内。

内含沙漠沙子的石英与水晶一样，皆是作为玻璃的原料使用。但是，石英如果没有在1700摄氏度以上的高温中，是无法熔化并转化成玻璃性质的。而这样的高温是从哪里来的呢？可能性最高的应该是陨石撞击，但附近并没有找到陨石坑的痕迹。

另外，在以色列挖掘遗迹的考古学家于5米深的地层中发现了厚

▶在撒哈拉沙漠中发现的神秘的玻璃碎片。关于玻璃碎片的形成，至今还是个谜。

度为6微米的熔化的玻璃层。玻璃层的范围，南北约130千米，东西约50千米。在英国苏格兰东北部的史前时代的遗迹中，也发现了不明原因造成的高温导致的变形墙壁，一部分墙壁内的石头不只熔化，还玻璃化了。

美国新墨西哥州有一个名为"白沙导弹靶场"的地方。这里是1945年史上第一次核能实验的进行地，地面上的沙子在核子爆炸实验后因高温而熔解，形成了绿色的玻璃。

那么，在古代遗迹中玻璃化的古物是否也意味着古代曾经进行核能实验并发生过核战呢？

### ☞ 被烧成灰烬的遗骨与玻璃城

当然，光是玻璃化的地层，无法完全证实古代曾经发生过核战。不过，我们继续看接下来的例子。

巴基斯坦的摩亨佐·达罗曾经是印度河流域文明的中心城市，虽

◀苏格兰的史前时代遗迹，一部分墙壁已经玻璃化。

然它是在公元前2500年左右建设的,却是以完美的城市计划为基础建造的城市。然而,公元前1800年,印度河流域文明却在一夕之间从历史上消失了。

到底是什么导致它消失了呢?

考古学家在该遗迹里发掘了64具遗骨,多数遗骨都呈现出非常不自然的重叠、扭曲的状态。证据显示,他们是在灾害爆发的瞬间迎来了死亡,而且部分遗骨上还有像是高温加热后留下的烧焦的痕迹。

另外,距离该遗迹5千米远的一个地区被当地人称为"化为玻璃的城市"。此地区如同其名,在直径约400米的范围内,玻璃化的石头散落四处,并发现了高温熔化的土制品等物品。

根据调查,这些东西都是在约1500摄氏度的高温中,在极短的时间内变成这样的。此地似

▲意思是"死丘"的摩亨佐·达罗遗迹。

▲(上图)在摩亨佐·达罗的遗迹中发现的非自然致死的遗骨。(下图)在"化为玻璃的城市"中发现的玻璃化的小石块。

乎也在发生了几起悲剧后，就被遗忘了。

摩亨佐·达罗的意思是"死丘"。有一种说法是，此地曾遭逢大洪水，因此，遗迹附近遭受大灾难的可能性很高。

事实上，印度河流域文明从历史上消失的那一刻，据说土耳其的哈图沙遗迹也在同一时间留下了不明原因形成的异常高温导致的灭亡的痕迹。例如，以砖头建造的城墙与建筑物熔化形成了红色结块，被火烧过的石头上也出现了裂痕，这并不是一般的火灾能造成的。顺带一提，哈图沙并没有遭遇如摩亨佐·达罗般严重的损害，没有严重到整个城市都毁灭。

## 远古的地球曾存在超级武器

就算在古代文明的广大地区发现了疑似引发核爆炸的痕迹，也应该存在着于灾难中存活下来的人类吧！这些幸存的人难道不会以某种形式将这些记忆留给后世吗？我们来看看以下这些历史记录。

集结了印度传说与神话的《摩诃婆罗多》从古代就开始流传，直到公元前4世纪左右

▶1957年，美国内华达州进行原子弹爆炸实验的场景。

才完成。书里记载着神明们的"核武器战争":"有一兵器射出一道光束,刺眼到像是集结了1万个太阳,并引发爆炸。之后,周围被黑暗笼罩,强风呼啸,天上云朵耸立。尸体被烧焦,毛发与指甲脱落,食物也都有毒……"

这样的一段描述,就像在描写原子弹爆炸后的核灾难。

另外,《旧约》中也有两座疑似因为核战而灭亡的城市。这两座城市位于死海附近的以色列与约旦国境内,名叫索多玛与蛾摩拉。

当地居民的堕落招致上帝的怒火从天而降,落在这两座城市上。据说,刺眼的强光与极大的声响消失后,城市及人们也跟着消失得无影无踪。

一度逼人类走向灭绝的境地、带来大规模灾害的存在就是古代人所称的"神",或许它是某种有别于人类的生命体?当然,关于上述的说法,能证实发生过核战的具体证据尚未被发现。但是,如果真的没有发生什么事件,应该没办法把上述事件描写得这么详细吧!

▲关于索多玛与蛾摩拉的悲剧画作。上帝射下的火柱宛如原子弹爆炸引起的蘑菇云。

# 第4章

## 超古代文明的欧帕兹（知识篇）

在古代遗迹内发现了很多奇妙的浮雕与工艺品，人类是从哪里得到相关知识并制作出它们来的呢？

# 纳斯卡线

## 目的不明的巨大图形

**Nazca Lines**
▲画着"蜂鸟"的纳斯卡线。

〔地点〕秘鲁
〔年代〕约公元前4世纪
冲击程度 ★★★★★
神秘程度 ★★★★★
文明程度 ★★★★☆

## ❶ 从空中俯瞰才能得知巨画的全貌

考古学上最大的谜团之一，就是横跨秘鲁南部的太平洋海岸与安第斯山脉之间的荒凉台地上的"纳斯卡线"。

这片台地上画了许多图形与图案，除了直线及螺旋状等几何图形，还有猴子与蜘蛛等生物的图案。图案大小从数十米到数千米都有，实际上，图案的数量有1200个以上呢！

▲制作地上画只需要把地面上的小石头移走，露出白色的地表。

约有2400年历史的地上画之所以能留存至今，是因为纳斯卡台地雨量极少，水难以在地表聚集、流动。而地上画是以极单纯的方法制成的：把地表的红黑色小石头移走，让白色的地表露出来，仅此而已。

纳斯卡线是一笔画成的图案，如果想看到图形的全部面貌，就得从300米以上的高空或登上高峰俯视。

虽说早在16世纪，西班牙人就已经在纳斯卡的地面上发现了不可思议的线条，但知道此线条的真正面目为巨画时，已到了1939年。当时飞机飞在纳斯卡的空中，发现了这一奇观。

那么，到底是谁，其又持着什么目的，在地面上画出了巨画呢？

## ❷ 线条的象征与制法

关于"纳斯卡线",从1940年开始将一生奉献给地上画研究的德国人玛利亚·赖歇认为,地上画的直线条指的方向是春分与秋分的日出和日落,所以地上画可能是一个巨大的天文观测器,为的是知道播种与收获的时期。

另外,也有研究者提出,地上画中有关水与生命的物品其实是祈雨仪式的必需品。

▲(上图)长达136米的安第斯神鹰地上画。(下图)图中有一条贯穿山脉的巨大直线。

现在流于地下的水路对于住在纳斯卡的居民种植农作物好处多多。纳斯卡地区雨量很少,水是极重要的资源。

不过,无论什么样的说法,都无法全盘解释地上画的谜团,所以至今其仍真相未明。更有研究者表示,这些纳斯卡线是给上帝与外星人看的信息,所以地上画只能从高空观看。

还有一个谜团,那就是地上画的制成

▲研究学者玛利亚·赖歇。

方法。关于这一点，一般人认为，地上画采取的制作方式是扩大法。

扩大法就是利用绳索与桩，将画在地面上的小型画作以相同的比例尺测量距离，绘制成巨大的画作。奇妙的是，古代纳斯卡人真的没有从空中看过自己的画作吗？

1973年，国际探险家协会的吉姆·沃德曼证实，他单以古代纳斯卡时期的材料就做出了热气球。热气球平稳地上升至100米的高空后，就能在空中俯瞰地上画了。

总之，地上画的制作就停留在那个时空里，连后来的纳斯卡人都不知道制作地上画的目的与方法了。

世界上除了纳斯卡线，还有为数不少的巨大地上画。那么，古代人真的能够在天上飞吗？

▲（上图）纳斯卡人沿着地上画的线行走，向天祈雨。（下图）这些井是为了抽出纳斯卡的地下水路的水。

# 第4章 超古代文明的欧帕兹（知识篇）

▲吉姆·沃德曼使用古代纳斯卡的材料制作成热气球，并成功飞上天。

# 埃及的电灯泡浮雕

## 神殿里蕴藏着超古代知识?

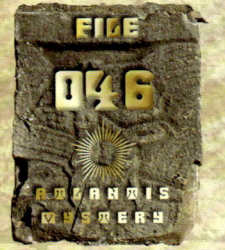

▲丹达腊的哈索尔神殿。

▶哈索尔神殿的「电灯泡浮雕」。灯丝为电灯泡中间发光的部分。绝缘体为支撑电线的玻璃及橡胶,也就是难以导电的物体。

### ❶ 地下室的惊人浮雕

位于埃及中东部,从4000年前起就以圣地闻名的丹达腊建立了许多神殿。其中,有一座约2000年前建成的哈索尔神殿,其最著名的是地道墙壁上一面奇妙的浮雕。这面浮雕上描绘着类似电灯泡的物体。

除了地道墙壁上,神殿内还能看到几幅刻有电灯泡的浮雕,也有一些类似小电灯泡的。

美国的科学记者伊凡·山德森看了这些电灯泡浮雕后指出,图案上蛇形的弯曲、细长的管子是有灯丝的电灯泡的玻璃管,而支

(地点) 埃及
(年代) 约2000年前
冲击程度 ★★★★★
神秘程度 ★★★☆☆
文明程度 ★★★★☆

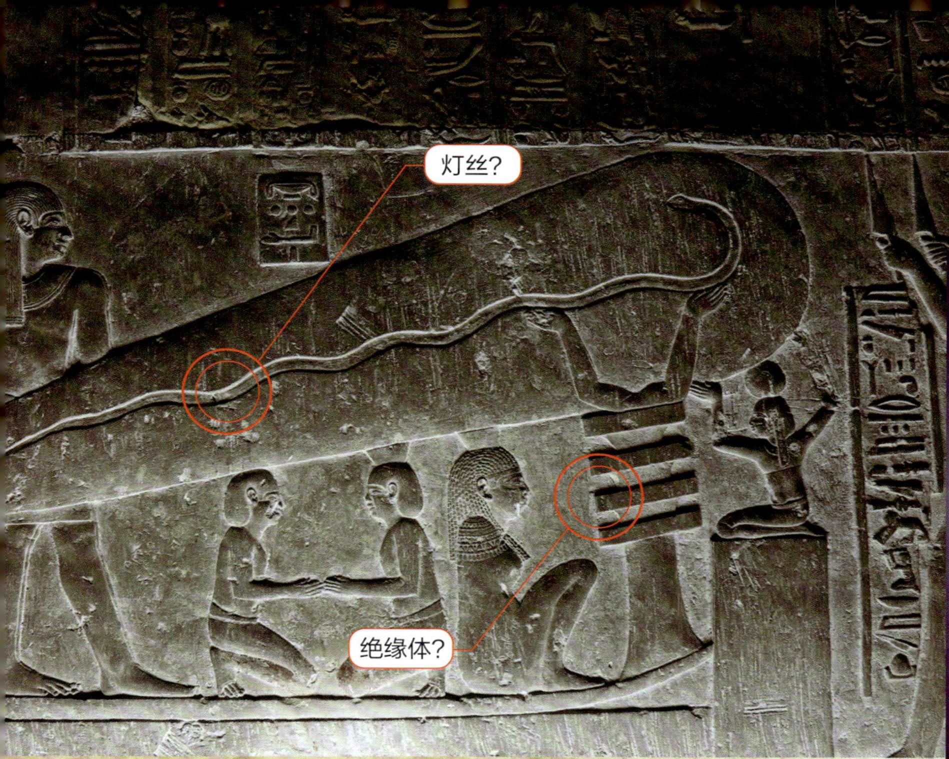

撑电灯泡前端的是高压电用的绝缘体。在这之后，1981年，奥地利电力工程师巴尔特·格伦为了重现这些浮雕，制作了电灯泡的模型，灯泡也顺利地发亮了。

但是，完善而实用的白炽灯是美国的托马斯·爱迪生于1879年发明的。难道2000年前的古埃及人真的已经拥有关于电灯泡的知识了吗？

▲格伦重现电灯泡浮雕的实验。玻璃管内成功发电。

第4章 超古代文明的欧帕兹（知识篇）

93

## ❷ 神殿的照明之谜

对于这个问题浮雕，埃及考古学专家表示，管子中的蛇代表的是天空中的太阳，而支撑电灯泡前端的叫作"结德柱"，象征着再生与复活。换言之，这些都是与埃及的象形文字类似的物品。

英国科学期刊《自然》的创刊者、著名的天文学家约瑟夫·诺尔曼·洛克耶在1892年发表了以下言论：

"是不是应该深入探讨一下在古埃及的神殿里以电力照明的说法呢？"

他的理由如下：在古埃及的神殿中，有一个奇异的共通点，那就是并没有将外面的光引入室内的构造。的确，在进入这座石造神殿时，位于底部的房间如果没有光线，就暗得难以行走。因此，在

▲哈索尔神殿里能看到数幅电灯泡浮雕。下图是小型电灯泡的浮雕。　▲埃及的壁画上经常出现这样的结德柱。

昏暗的神殿与地底下必须点火照明。可是，神殿里并没有燃烧的火把形成的黑烟的痕迹。

如果当时的人们真的在地下建造了神殿，那么，在如此昏暗的地方，他们是如何施工的呢？虽然有人说他们可能是设置了大量的镜子，将太阳光反射入内，但又没有人发现相关的构造。

若果真如此，我们只能相信关于哈索尔神殿的电灯泡浮雕的大胆猜测是真的了吧！

另外，依据前文的山德森所说的，如果古埃及的神官们真的利用这些道具发电了，那无论是一般民众还是国王，可能都会对其感到恐惧。总之，若要印证这个说法，就必须找出具体的证据。

第4章 超古代文明的欧帕兹（知识篇）

▲图为使用叫作"特斯拉线圈"的装置进行电力实验的场景。结德柱或许就是以这类装置为灵感创作出来的吧？

# 奥尔梅克的飞行员浮雕

## 谜之魁札尔科亚特尔宇宙飞船

▲位于拉本塔的博物馆展示的浮雕。学术上认为中间的人物是守护魁札尔科亚特尔神的奥尔梅克人。

公元前1200年，位于墨西哥东南部的拉本塔是美洲大陆最早的文明——繁盛的奥尔梅克文明——的中心城市。

人们在拉本塔的遗迹中发现了一幅浮雕，浮雕的图案宛如飞行员操纵小型宇宙飞船。这个飞行员头戴头盔，嘴角有一个像麦克风的道具，左手握着类似车子排挡的物品，脚好像踩着油门。此地区传说是"有羽毛的蛇神"（魁札尔科亚特尔）带来了文化，而飞行员可能就是乘坐魁札尔科亚特尔（宇宙飞船）来访地球的外星人。

（地点）墨西哥
（年代）公元前1200年至前200年
冲击程度 ★★☆☆☆
神秘程度 ★★☆☆☆
文明程度 ★★★☆☆

96

## FILE 048

## 萨卡拉鸟

经空气动力学专家认证

**第4章　超古代文明的欧帕兹（知识篇）**

位于埃及萨卡拉、约公元前200年的遗迹出土了一件鸟形的木制工艺品。它全长15厘米，圆圆的身体越往后越薄，到最后则变成像尾翼一般，还有19厘米长的翼镶在身体上。

1969年，一位名叫卡利尔·梅希哈的学者看到这件工艺品后表示，其构造与现代滑翔机很相似。

然后，埃及文化部召集了空气动力学的专家对此进行调查，结果发现，如果将模型以实物比例放大，并安装上引擎，便能将其当作滑翔机使用。难道古埃及人真的在空中飞翔过吗？

垂直的尾翼？

▶图为开罗的埃及博物馆馆藏的木制滑翔机。

（地点）埃及
（年代）约公元前200年
冲击程度　★★★★★
神秘程度　★★★★★
文明程度　★★★★★

### 豆知识 MEMO

人类在天上飞的梦想，一般认为最晚出现在2000年前，但是滑翔机在发明过程中免不了会飞行失败。而最早实现人在天空中飞的记录，是1783年孟戈菲兄弟乘坐热气球于空中飞翔。

# 古秘鲁的火箭

## 乘坐在谜一般的飞行物体上的是外星人吗?

▲在秘鲁西北部的兰巴耶克发掘的火箭形合金制雕像。

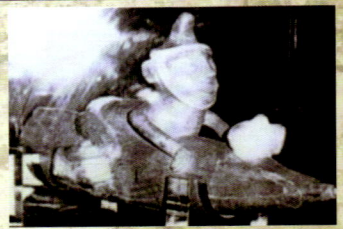

▶在莫切文化的遗迹中发现的跨坐在火箭上的人物雕像。

位于南美洲秘鲁、兴盛于8世纪前后的兰巴耶克文明的遗迹出土了一件奇妙的古物。这件古物是一尊合金制成的雕像,雕像上的人物头戴一顶尖尖的头盔,坐在火箭形状的物体上,手握着像是方向盘的物体,而火箭后面则是排气管的形状。

在兰巴耶克附近,人们在同样兴盛于8世纪前后的莫切文化的遗迹中也发现了类似的雕像。或许是当时来访地球的外星人乘坐在火箭形状的小型侦测船上,于南美洲的天空中飞翔。人们将他们当成神来崇敬,并把他们的形象制作成工艺品。

(地点) 秘鲁
(年代) 8世纪
冲击程度 ★★★★☆
神秘程度 ★★☆☆☆
文明程度 ★★☆☆☆

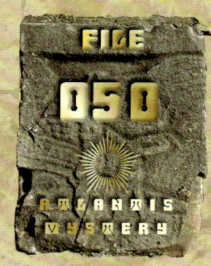

第4章 超古代文明的欧帕兹（知识篇）

## 爪哇岛的火箭浮雕

### 以宇宙为目标的古代记忆

在印度尼西亚爪哇岛拉武火山的山腰上，有一座15世纪建造的印度教寺院。在这座寺院里，除了有金字塔形状的建筑外，据说在屋顶上也有一根高约2米的奇怪柱子。

虽然这根柱子状似男性生殖器，但奇怪的并不是其形状，而是其侧面的浮雕。浮雕上刻的是飞往太阳与月亮的火箭。

15世纪就已经有搭乘火箭、以宇宙为目的地的想法了吗？失落的古代知识或许正悄悄地被普及着。

▶这根柱子目前展示于印度尼西亚雅加达的国立博物馆。

（地点）印度尼西亚
（年代）15世纪
冲击程度 ★★☆☆☆
神秘程度 ★★★☆☆
文明程度 ★★☆☆☆

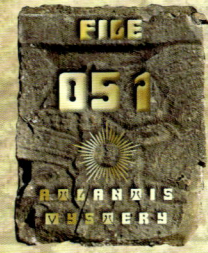

## 黄金喷射机

### 飞机形状的哥伦比亚坠饰

公元1969年,美国科学记者伊凡·山德森公开了一件有着奇妙形状的黄金制坠饰。这件坠饰长10厘米,宽5厘米,左右侧为三角形的机翼,后方像垂直尾翼,看起来如同喷射机或航天飞机。这件坠饰是在哥伦比亚中部有1000年以上历史的遗迹中被发现的,或许当时南美洲已经有存在着飞机的文明了。

当然,在这么久远的从前,不可能有喷射机的存在,因为1903年,莱特

▲从侧面看的黄金喷射机。

兄弟才以动力飞行于空中。另外,在哥伦比亚被发现的黄金坠饰中有许多是动物的形状,因此,"黄金喷射机"被认为是模仿鲇鱼的外形制成的。

然而,在空气动力学专家以及火箭飞行员的协助下,山德森试图证明如果这个坠饰是喷射机的模型,那么按其形状制成的飞机势必能飞。事实证明,他们成功了!

如果古代在天空飞翔的技术是真实的,就能解开纳斯卡线等从空中看才会有意义的画的制作谜题了。

(地点)哥伦比亚
(年代)约1000年前
冲击程度 ★★★★★
神秘程度 ★★★★★
文明程度 ★★★★★

**Golden Jet**

▶从正上方看黄金喷射机。它的特别之处是奇妙的旋涡状设计，以及与飞机几乎一模一样的外形。

第4章 超古代文明的欧帕兹（知识篇）

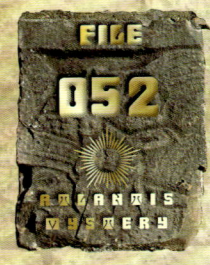

## 黄金推土机

### 建造巨大建筑物用的土木工程机械

在位于中美洲的巴拿马中部、兴盛于约6世纪到10世纪、与玛雅文明有交流的科克莱文化的遗迹中，以美洲豹为原型制作的黄金手工艺品连同陶器与黄金制的装饰品一起被发现了。这个古物长约11厘米，背上镶着一块巨大的祖母绿宝石。仔细一看，它尾巴的部分有一处像齿轮。与其说这个古物是某种动物，不如说它仿造于某种机械。

美国科学记者伊凡·山德森注意到了这一点。他认为这个古物并不是仿制某种动物的工艺品，而是以古代土木工程使用的挖土机为原型制成的——头部为齿状的吊桶，尾巴前端为齿轮连动的卷扬机加挖土机，机身以履带作为装饰。

在曾经兴盛的中美洲古代文明的遗迹中发现疑似推土机的土木工程机械也许并不代表着什么，但是，当时的人们开辟雨林，建造了令人震惊的巨大建筑，其时难道没有不为人知的土木工程机械协助吗？

▲黄金手工艺品的尾巴前端为齿轮，因此它看起来不像生物，而像机械。

(地点) 巴拿马
(年代) 公元500年至900年
冲击程度 ★★★☆☆
神秘程度 ★★☆☆☆
文明程度 ★★★★★

## Gold Pendant of Jaguar

▼图为从正面看的黄金推土机手工艺品。据说这个黄金手工艺品在当时是坠饰。它的大眼睛看起来就像是照明用的。

第4章 超古代文明的欧帕兹（知识篇）

# FILE 053

## 帕伦克的航天员浮雕

### 石棺上的浮雕之谜

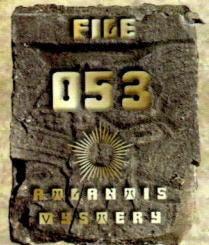

▶ 刻画在帕伦克石棺上的像航天员的人物。

▼ 发现石棺的遗迹"碑铭神庙"。

**豆知识 MEMO**

帕伦克遗迹是玛雅文明的代表遗迹之一，人们从神殿里发现了戴着面具的国王遗体以及石棺。

(地点) 墨西哥
(年代) 7世纪
冲击程度 ★★★☆☆
神秘程度 ★★★★☆
文明程度 ★★☆☆☆

人们在墨西哥东部帕伦克遗迹的神庙中，发现了放着巴加尔王遗体的石棺。据说石棺上的浮雕画的是远赴亡者世界的国王的身影。瑞士的超古代文明研究者艾利比·冯·德尼肯则表示，此浮雕的内容为"乘坐在火箭上的航天员"。难道是国王坐着宇宙飞船去旅行吗？自此引发话题。的确，如果将照片翻转90度，人物看起来就像跨坐在火箭般的交通工具上。交通工具上则装设着类似引擎的复杂装置，从后面看就像在喷射火焰。后来，连巴加尔王是外星人的说法都出现了。刻画这个身影的人是外星人吗？

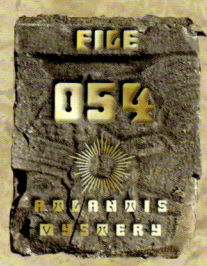

第4章 超古代文明的欧帕兹（知识篇）

## 恐龙浮雕

### 900年前的遗迹中残存着中生代生物？

人们于柬埔寨塔普伦寺一面直径约20厘米的动物浮雕中发现了奇异的内容，那就是背上有板状突起物的剑龙！

说到剑龙，它是生活在中生代侏罗纪（约2.05亿年前至1.35亿年前）、现在早已灭绝的恐龙。它为何会出现在900年前的浮雕上呢？

有人认为它是现代的有心人伪造的。不过，由于此浮雕与其他动物浮雕的风化程度差不多，此说法便被否定了。既然如此，就只能推测12世纪有人目击过剑龙，所以才会知道它的样子了！

▲四只脚站立的姿态果真像恐龙！

（地点）柬埔寨
（年代）12世纪前后

冲击程度 ★★★★★
神秘程度 ★★★★
文明程度 ★★★★

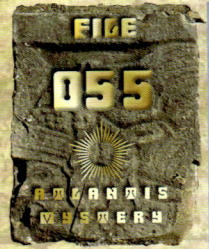

## 阿兹特克的四轮车

### 人类早期的搬运发明

▲阿兹特克文明的狗状土制品,其脚的部分似乎为车轮。

车轮是人类早期最重要的发明之一,是搬运技术和交通的基础。多数古文明中都能见到的发展步骤之一就是从圆木轮轴转变成车轮。

有些人表示,在墨西哥一带,辉煌的阿兹特克文明与玛雅文明并没有车轮相关知识。但是,考古学家找到了几个相关证物,证明这样的车轮似乎真的存在于玛雅文明与阿兹特克文明。例如,在阿兹特克文明的古物中就有装设着车轮、以狗的形状烧制而成的土制品。他们明明知道车轮的存在,为什么从没使用过呢?

(地点)墨西哥
(年代)14世纪至16世纪
冲击程度 ★★☆☆☆
神秘程度 ★★★☆☆
文明程度 ★★☆☆☆

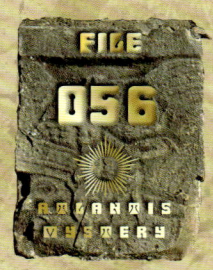

# 第4章 超古代文明的欧帕兹（知识篇）

## 图拉的战士雕像

### 右手疑似握着高科技武器

在墨西哥于10世纪前后繁盛的图拉遗迹中，金字塔状的基底上有四尊战士石雕像。这些石雕像高4.6米，被认为是以前建在此地的神殿的石柱。

若仔细观察雕像的右手，会发现它们好像握着一把装在枪套里的手枪，但它们其实是在掷标枪。

然而在附近的托兰遗迹中却发现了奇妙的浮雕，浮雕上画着一个持有相同武器的人对着岩石发射。

关于战士手上的武器，也有人主张是火焰或一种能发射出电浆体的高科技武器。

▶（上图）图拉遗迹的战士雕像。（下图）于托兰遗迹中找到的浮雕的再现图。

谜一样的武器

（地点）墨西哥
（年代）公元10世纪前后
**冲击程度** ★★★★☆
**神秘程度** ★★★★☆
**文明程度** ★★★☆☆

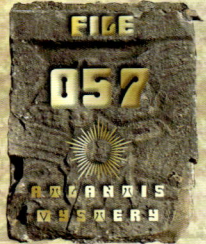

# 内布拉星象盘

## 或能改写欧洲的天文历史

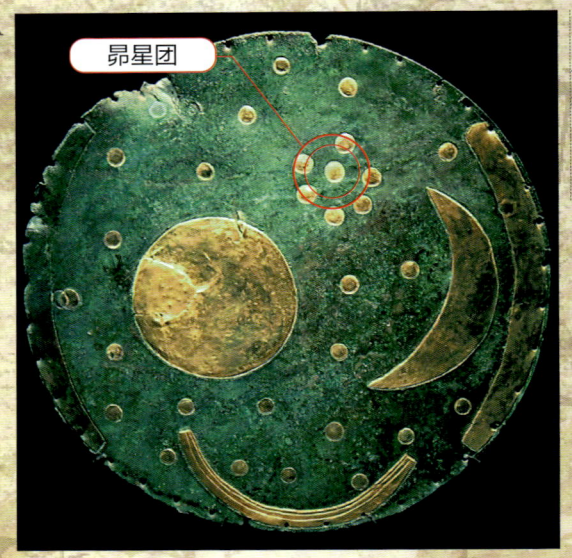

昂星团

▶横跨内布拉星象盘左右的金色带子指出了冬至跟夏至的日出及日落的角度。

上图的青铜制星象盘直径约30厘米,重约2千克。它是在德国中部萨克森-安哈尔特州的内布拉发现的,因此被称为"内布拉星象盘"。

根据专家的调查,这个星象盘约在3600年前制成,是人类最古老的星象盘。其正面以金黄的太阳与月亮为装饰,上面还画着昂星团的七颗星星。据说当时的人每3年会参考一次星象盘的配置,以修正历书与季节划分。或许此地发展天文学的时间比美索不达米亚和埃及晚,但比起史前时代的欧洲,此地比我们想象的更早拥有高度先进的天文知识。

(地点)德国
(年代)3600年前
**冲击程度** ★★★★☆
**神秘程度** ★★☆☆☆
**文明程度** ★★★★★

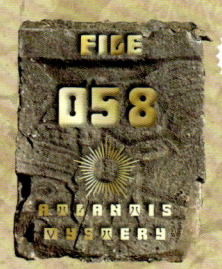

## 飞行武器维摩那

### 传说中的古印度超级武器

**第 4 章　超古代文明的欧帕兹（知识篇）**

在集结了古印度传说的《罗摩衍那》和《摩诃婆罗多》中，有一艘叫作维摩那的飞行战舰。据说这艘没有机翼的飞行战舰不仅能飞行、瞬间移动，还能航行于外太空，神明也会乘坐这艘飞行战舰攻击敌人。

事实上，有古代文件记载着维摩那的存在。据说，古印度的梵文文献中记载着它的设计图和操控方法，时间可以追溯到公元前10世纪。

超古代文明曾在印度兴盛吗？此外，这可能意味着，外星人乘坐的飞碟般的飞行物体是在地球上制作的。

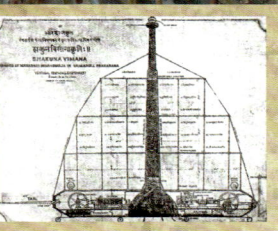

▲于印度寺院重现的空中飞行器维摩那。
◀古印度的梵文文献中维摩那的设计图。

（地点）印度等地
（年代）公元前10世纪
冲击程度 ★★★★★
神秘程度 ★★★★☆
文明程度 ★★★☆☆

# 皮里·雷斯地图

## 16世纪绘制的南极大陆

公元1929年，人们在土耳其的托普卡帕宫殿中发现了奇妙、古老的地图。此古地图为航海图，以羊皮制成，图上画着大西洋附近的大陆。

地图的右侧为西班牙（伊比利亚半岛）及西非，左侧为南美洲的东海岸，还可以看到从东海岸延伸出来的神秘大陆。

这张地图是1513年统治土耳其一带的奥斯曼帝国的海军军人皮里·雷斯提督制成的。

哥伦布登陆美洲大陆的时间为1492年，然而，只经过11年，皮里·雷斯就详细地绘制出了美洲大陆的海岸线。

另外，让人不得不注意的是，南美洲前面的那块土地居然是"南极大陆"。南极大陆是在1773年左右被发现的，绘制于地图上已经是1920年的事了。皮里·雷斯是如何取得这些知

▲皮里·雷斯提督。

识的呢？据说皮里·雷斯制作地图的时候参考的是公元前4世纪亚历山大大帝时代留传下来的资料。虽然我们对这份资料的详细内容并不清楚，但正因为如此，才印证了它可能是关于亚特兰蒂斯的超古代文明的资料。

（地点）土耳其
（年代）1513年
冲击程度 ★★★★
神秘程度 ★★★
文明程度 ★★★

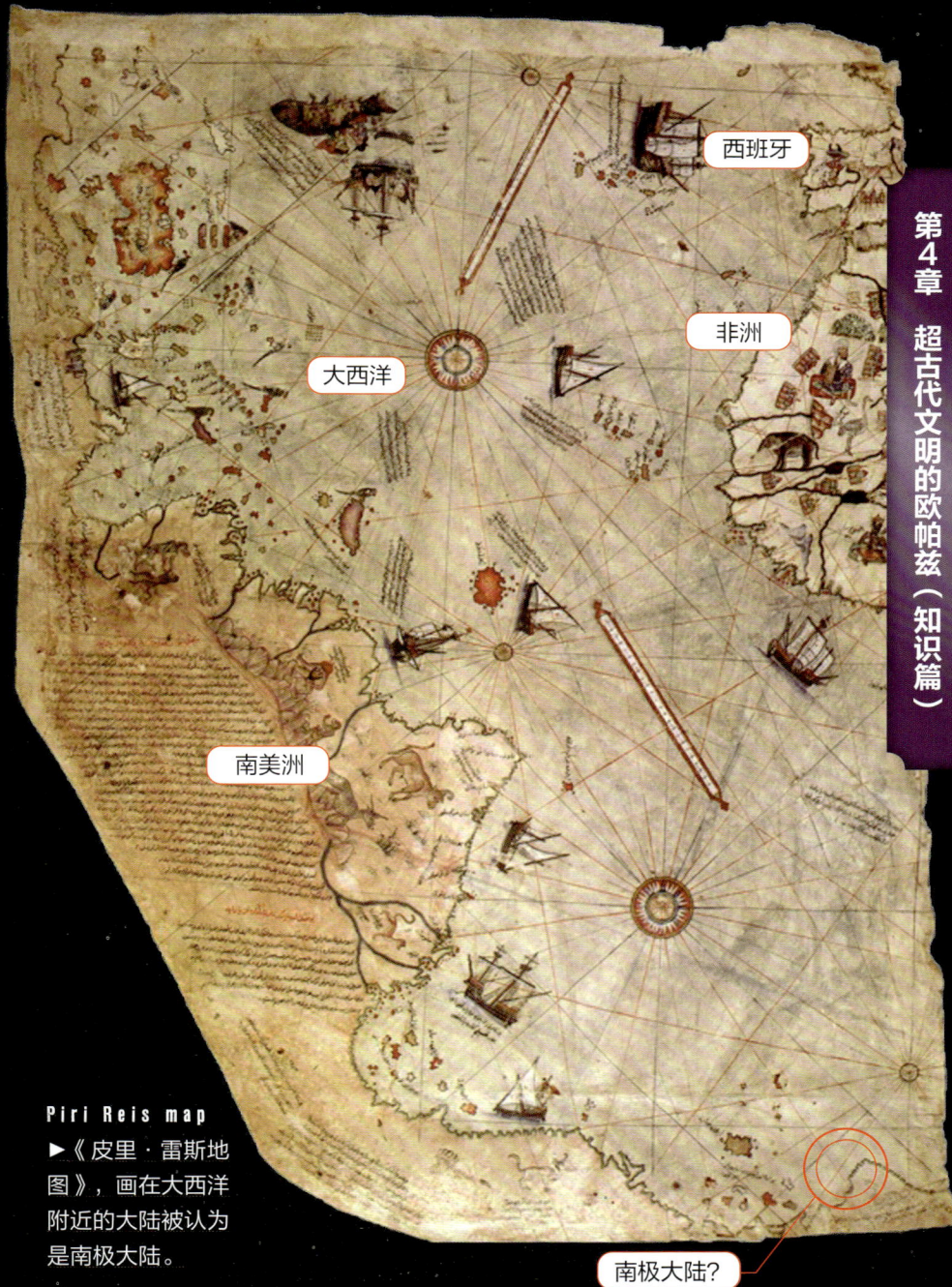

第4章 超古代文明的欧帕兹（知识篇）

Piri Reis map
▶《皮里·雷斯地图》，画在大西洋附近的大陆被认为是南极大陆。

南极大陆？

专栏 原来如此！超古代文明学④

# 真的遭遇大洪水了吗？

## 大洪水导致人类灭亡之说

在超古代文明灭亡的原因中，可能性最高的是大洪水。

在世界各地的传说中，以《旧约》里"诺亚与大洪水"的故事最为有名。

创造人类的上帝看见人类堕落、作恶，于是决定以洪水消灭人类。然而正义之士诺亚以及他的家人打造方舟，拯救了人类。

诺亚在建造方舟的同时，也不断告诉人们大洪水即将到来的消息，却没有人愿意相信他的话。不久，如同上帝的预言，大洪水侵袭了大地。

洪水消灭了地上的生物，覆盖了山脉，并持续了40个昼夜。接

▶诺亚建造了巨大的船只，让所有动物乘坐，因此，它们得以在大洪水中顺利存活下来。

下来的150天里，洪水都无法退去。将方舟建造完成的诺亚，除了让他的家人搭上船，还让所有动物一一乘船渡过洪水。接着，水渐渐退去，方舟漂流到亚拉拉特山……

这就是这个故事的梗概。不少人认为这个故事并非真实事件，它应该是为了展现神威而编造出来的。不过，《旧约》的研究者主张，这场洪水是数千年前发生的真实事件。很难单凭一句话就否定大洪水是真实事件，特别是世界上除了《旧约》里的这个故事，还有许多口耳相传的大洪水传说。

## ☞ 世界各地流传的洪水神话

以下将简单地介绍世界各地流传的有关洪水的神话。

希腊神话：激怒大神宙斯的人类因洪水而灭亡。只有巨神普罗米修斯的儿子杜卡利翁及他的妻子在父亲的忠告下，建造了一个大箱子，并进入箱子，逃过了大洪水。

▶在印度的画作中，化身为鱼的毗湿奴告诫大洪水的场面。

印度神话：化身成鱼的最高神祇毗湿奴向贤者摩奴提出忠告，7天后将有大洪水到来，让他尽快带着所有的植物种子和7位圣者搭船避难。

阿兹特克神话（墨西哥）：洪水不断地发生，持续了52年。然而，在洪水将临时，一对夫妇听取神的指示，将柏木的树干挖洞，并躲进洞中，逃离了灾难。

霍皮族的神话（美国）：因堕落而激怒创造主的人类，除了上帝原谅的那一部分人以外，都因洪水而灭亡。被原谅的人们躲在创造主的使者建的巨大芦苇茎的空洞内，着陆前一直在漂流。

以上这些只是世界洪水传说的一小部分。除此之外，还有爱尔兰、墨西哥的玛雅文明、秘鲁的印加文明，以及中国、朝鲜半岛、印度尼西亚等，都流传着类似的传说，而且几乎都是一部分人类乘坐方舟或是类似方舟的物体进行漂流这种形式的故事。

## 起源于《吉尔伽美什史诗》

既然洪水传说能这么广泛地分布于世界各地，那么合理的猜想只能是遥远

▶《吉尔伽美什史诗》的主角吉尔伽美什。据说他拥有能杀死狮子的强大力量。另一说法为吉尔伽美什是"巨人族"之一。

的从前真的发生过全球规模的大洪水。事实上,在历史学、考古学以及地质学等各个领域都有证据证实大洪水发生过。

例如,古代美索不达米亚的神话《吉尔伽美什史诗》中出现的洪水事件就是以《旧约》的大洪水故事为原型创作的史诗。这部史诗的主角是英雄般的吉尔伽美什王。他是公元前2600年左右苏美尔人的城市国家乌鲁克(现伊拉克)实际存在过的国王。乌鲁克王与女神所生的吉尔伽美什外出旅行并不断冒险,在旅程即将结束时,他遇到了一位老人。这位老人给他讲述了自己从前建造方舟并逃出上帝引起的洪水的故事。

在美索不达米亚附近进行的地质调查证实,美索不达米亚的地层有于公元前2600年至前2500年发生洪水的痕迹,而且洪水痕迹的厚度竟达1.55米。虽然不知道这场洪水是否覆盖了整个地球,但曾经发生过大洪水的事情因此得以证明可能是真的。

## ☞ 诺亚的方舟与亚拉拉特山

若大洪水真的发生过,那在多数洪水传说中登场过的"方舟"现在如何了?

▶ 1949年,美国空军飞机于亚拉拉特山拍摄到的神秘物体,它被认为是方舟的残骸。

在"诺亚与大洪水"的传说中,方舟漂流到了亚拉拉特山。亚拉拉特山耸立在土耳其、伊朗与亚美尼亚等国境内,最高峰海拔5137米。事实上,在这座山中,至今已数次发现疑似方舟残骸的物体,调查也在进行中。

首先,1949年,美国空军飞机在海拔约4700米的阿荷拉·戈尔杰地区拍摄到了疑似人造建筑物的物体。之后,美国中央情报局(CIA)表示其疑似为巨大的船形物,并称其为"亚拉拉特·阿诺马利"("亚拉拉特的异常物"),且持续调查。

另外,1955年,土耳其空军飞机在海拔约2000米的地方发现了被称为"船形地形"的地点。但是,1960年,土耳其与美国的共同调查团队进入此地调查后,再也没有发现其他显眼的物品。

而后,2006年,美国公开了一张卫星照片。这张照片证实在阿荷拉·戈尔杰地区的冰河中埋藏着巨大的建造物。

《旧约》记载,方舟长约134米,宽约23米,高约14米;而亚拉拉特·阿诺马利长138米,宽23米,高14米——这两艘船几乎是完全一致的。如果能证实这艘船就是诺亚方舟,或许古代的大灾害之谜就能明朗化了。

▶ 船形地形。2006年的卫星照。
▲ 在亚拉拉特山上能看到

# 大金字塔的七个谜团

## 第5章

埃及大金字塔历经漫长的岁月,对人类来说充满谜团。让我们一起探究这些谜团吧!

# 大金字塔的谜团

## 拥有4500年以上历史的世界最高金字塔！

夕阳下建于吉萨台地的金字塔。由上而下依序为胡夫金字塔、哈夫拉金字塔及孟卡拉金字塔。

大金字塔建于埃及北部的吉萨台地，为世界上最著名的历史建筑之一，也是具有4500年以上历史的世界最大谜团。上图的三座大金字塔（胡夫金字塔、哈夫拉金字塔、孟卡拉金字塔）被列为"古代世界七大建筑奇迹"之一。而谜团最多的金字塔就是胡夫金字塔，又称吉萨大金字塔、古夫王金字塔。

于公元前2500年左右建造的胡夫金字塔（大金字塔）是国王的坟墓，高146米，底部各边长为230米，据说花了近20年才建造完成。金字塔的内部设置了"国王墓室""王后墓室"以及"大走廊"等空间，国王墓室的上方还建造了"平衡重量的房间"来分散巨石的重量，防止内部空间太重而垮掉。虽然入口已经

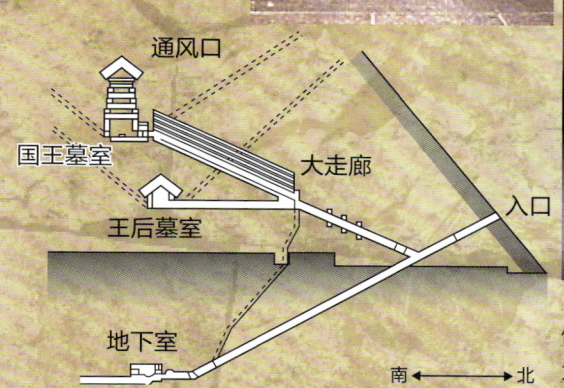

▶国王墓室里放置的空棺，成人躺进去有点儿小。

▼胡夫金字塔的内部构造。

通风口
国王墓室
大走廊
王后墓室
入口
地下室
南 ← → 北

▲以胡夫王为模型制作的小型雕像。明明国王的姿态流传至今，为什么只有这一个雕像呢？

## 第5章 大金字塔的七个谜团

被堵住，但公元9世纪时，一个叫作马蒙的人开凿了别的通道进入金字塔，现今这个入口成了旅客参观的入口。

虽然人们常说大金字塔是法老胡夫的陵墓，但事实上并没有在里面发现关键的遗骨。国王墓室内的棺材没有盖子，所以至今并没有证据可以证明，这里曾有遗体沉睡于此。虽然马蒙的事迹被记录下来了，但他可能没有盗墓。大金字塔被认为是法老胡夫的陵墓的理由，只是当时的石匠在国王墓室内的小阁楼（平衡重量的房间）里写下了"胡夫"两个字。因此，人们就假设这座金字塔是胡夫的金字塔，但不能确切证明这一点。

虽然日晷学说、神殿学说都提出了建造大金字塔的真正目的，但无论是哪个学说都欠缺关键证据，这座巨大的建筑依旧是一个谜团。

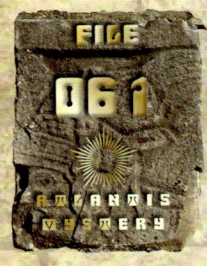

## 大金字塔建造之谜

### 大金字塔闪着白光！

▲刚建造完成的三大金字塔的想象图。金字塔的表面被称作"化妆石"的白色石灰岩覆盖,强烈反射太阳光,闪闪发亮。

**浅** 褐色石灰岩以楼梯形状堆叠而建造成的大金字塔在建造时是非常美丽、壮观的。

据说金字塔顶端原本放置了冠石(顶石,四角锥形的石头),研磨过的白色石灰岩覆盖着金字塔表面,在日光照射下总是闪闪发光。但之后,白色石灰岩被人们当作建材拿走了,所以内侧的石头都露了出来。

石材平均每块重2.5吨,使用的石材多达230万块,并被堆叠成了210阶。这种精密的建造技术令人赞叹,四角锥的底部边长的最大公差才11厘米,四个角也几乎成直角,准确地面向东、西、

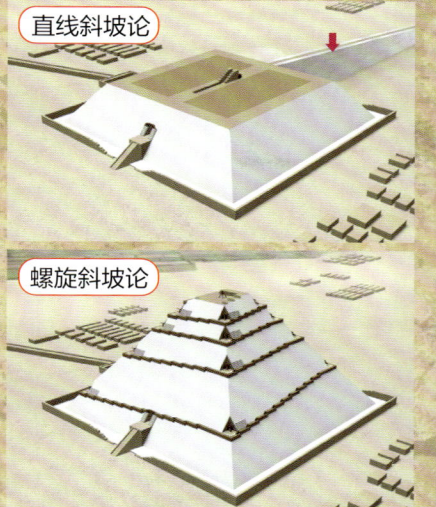

直线斜坡论

螺旋斜坡论

▲关于大金字塔建造方法的假说通常是以上这两种。

▲据说在埃及金字塔的顶端放置着这样的冠石。

▲哈夫拉金字塔的顶端残留着光滑的化妆石。

第5章 大金字塔的七个谜团

南、北四个方向。

到底要怎么做才能将大量石灰岩堆砌成金字塔呢?

关于这一点,至今没有任何记录,它依旧是个谜。现在一般认为,是在金字塔外侧设置一条笔直的斜坡,将石材置于橇上并移至高处。虽然当时的图画中留有关于橇的记录,但金字塔越高,所需的斜坡就越长,效率会非常低。

有人说斜坡长度至少要1.6千米,但采石场距离金字塔也才500米而已。

如果沿着金字塔外围设置螺旋状的斜坡,就不必建超长的斜坡了。但是,如果在金字塔转角处转弯时没有足够的空间,将会产生石材掉落之类的危险以及建造强度不够等问题。

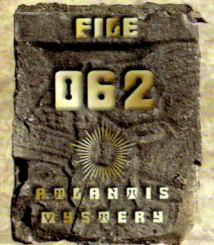

## 塔内未知隧道之谜

### 由建造方法的矛盾导出的新假说！

▲利用隧道建造金字塔的重现图。在这样的情况下，转角处需要足够的空间，才能轻易搬运石材。

从大金字塔建造方法是直线还是螺旋斜坡的矛盾中，研究专家推导出了新的假说。2009年，法国的建筑学家约翰·皮耶尔·乌旦提出了大金字塔建造方法的新假说。

他依据的是法国物理学家费·德翁·比尤伊博士所做的分析。比尤伊博士用重力计调查大金字塔内侧与外侧的数百个地方，得知金字塔内部有15％的空洞。

这代表着除了已知的空间以外，还存在着未知的空间。

这就是乌旦提倡的"内部隧道论"。以建筑学

▶ 如果金字塔内部真的有隧道，或许里面残留着螺旋状的遗迹。

▲ 以内部隧道说为基础制作的大金字塔建筑。

◀ 1988年，比尤伊博士用重力计调查大金字塔时，得知其内部有螺旋状的空间存在。

家的观点来看，乌旦至今无法信服到目前为止提出的所有建造假说。他细想，如果金字塔内部真的有隧道，那么或许真的能顺利地建造大金字塔。同时，作为未知的空间，这条隧道应该还留在金字塔内部。

以下为内部隧道论堆叠石头的方法：

首先，用直线斜坡完成大金字塔的三分之一；然后，通过内部隧道，用螺旋状的斜坡搬运石头；最后，将转角做成阶梯平台，再利用起重机，旋转石头的方向。

但是至今尚未在大金字塔内发现这样的隧道空间。由于其部分建筑不得破坏，所以也只能期待未来的技术可以透视石材的内部了。

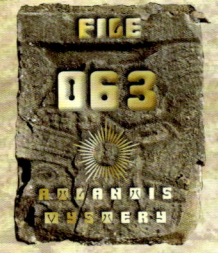

## 墓室里的小洞之谜

在通风口的另一边探索未知的空间

▲在通风口深处发现的石门。其上面的铜制物品看起来像门把手，但似乎无法开关。

大金字塔里面或许还有其他未知的空间存在。1993年，德国工程师鲁德鲁夫·甘提布林克对王后墓室里小洞的前方进行调查时，认为小洞前方有个未知的房间存在。

在国王墓室中可以看见边长20厘米的四方形的小洞，以作为通风口闻名。小洞被认为是密闭的金字塔为了引进空气而建造的。

然而，王后墓室内的两个小洞并非对外，可见其并不是当作通风口来使用的。那么，它们到底是为何建造的呢？

鲁德鲁夫·甘提布林克用遥控机器人深入洞内

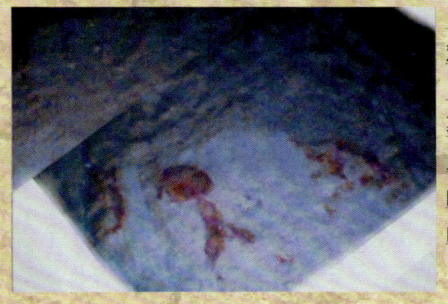

▲沿着国王墓室的通风口,人们发现了对外的出口。

◀(上图)2002年,将机器人放入王后墓室通风口进行调查的研究人员。(下图)人们在通风口深处的空间内发现了神秘的图样和文字,但人类无法进入这个空间。

## 第5章 大金字塔的七个谜团

调查,居然在里面发现了一扇石门,其上头有铜制的门把手。

2002年,埃及考古机关与美国国家地理学会共同进行调查。没想到,在小洞的石门前,他们发现了一个4500年来从没有人见过的小空间。

2011年,埃及考古机关与英国考古学家团队表示,他们在小房间的地板和墙壁上发现了奇异的红色符号和象形文字。而这些东西代表什么,尚无从得知。

这样的一个空间是为了什么而建造的呢?另外,金字塔内是否还有其他未知的空间?

谜团无穷无尽。

## 三大金字塔建造年代之谜

### 三大金字塔和猎户座的位置相对应？

人们普遍认为，大金字塔的建造时间约在4500年前。然而关于三座金字塔真正的建造年代却浮现出一个问题，那就是吉萨台地上建造的三座金字塔的位置之谜。有人认为三大金字塔与猎户座在相对应的位置上。

1994年，罗伯特·勃巴尔发现三大金字塔的排列方式与猎户座非常相似。古埃及人拥有高度的天文知识，因此，埃及人对于星星的信仰一直非常发达。但仔细一看，两者之间还是有些许差异。事实上，天体的外观并没有变。由于现代与古代观测天体的方式不同，勃巴尔便利用计算机计算出了猎户座的三合星与三大金字塔准确地重叠在相对应位置的时期。

重叠的年代是在1.245万前，比埃及文明兴盛时期更加久远。而且，1.245万前几乎就是亚特兰蒂斯灭亡的时间。

难道古埃及文明开始的时候就已经有三大金字塔了吗？

但是，猎户座三合星的亮度和大小与金字塔肯定是不一致的。

另外，除了猎户座，也出现了新的学说，那就是对应金字塔位置的是天鹅座的星星（天津二、天津一、天津九），但事实如何，依旧是谜团。

第5章 大金字塔的七个谜团

▲冬季星座的代表猎户座。图中央的三合星由左至右依序为参宿一、参宿二、参宿三。

▲三大金字塔与猎户座的排列方式很相似，但还是有些许不同。

◄古埃及的星象图。埃及人从很久以前开始就有对星星的信仰。

# 神秘的金字塔能之谜

## 大金字塔寄宿着未知的力量？

▲从古至今的金字塔形状被看作寄宿着神秘力量的图形，中世纪时也是炼金术的重要符号。

大金字塔在很长一段时间里被认为寄宿着未知的力量。

20世纪30年代，法国的安东尼·博维发现了一件奇妙的事，那就是大金字塔的国王墓室中，不知道从哪里跑进去了猫与老鼠。它们的尸体已变干，形成了木乃伊。

国王墓室内湿度高，照理说，尸体应该会腐烂。因此，博维制作了一个底长90厘米的木乃伊模型，并在国王墓室的相对高度上放了老鼠的尸体。过了几天，他发现尸体不仅没有腐坏，竟然还变成了木乃伊。

▲金字塔形状的水晶看起来寄宿着神秘的力量，经常用于占卜。

▲发现金字塔能的安东尼·博维。
▶金字塔内寄宿着神秘力量吗？（图为法国罗浮宫。）

## 第5章 大金字塔的七个谜团

在这之后，许多人做了相同的模型，并进行了相同的实验，结果发现生鲜食品保存期限变长，古老的剃刀宛如新品。据说，待在大型模型内的人精神安定，还能顺利地进入冥想状态。

这股未知的力量被称为"金字塔能"。关于金字塔能的形成原因说法不一，有"唤起未知宇宙线的力量"以及"空间歪斜的修正力量"等。

另外，根据国王墓室使用的是磁性很强的花岗岩这一点，也有涉及电磁力的说法出现，但真相无从得知。

如果古代真的有亚特兰蒂斯那般的超能力文明，那么金字塔是否是他们为了增强超能力才建造的呢？或许国王墓室是为了让金字塔充满金字塔能而建造的，是为了金字塔能而在大金字塔内做的巨大装置。

FILE 066

▲印度尼西亚爪哇岛上的佛教寺院婆罗浮屠，它有9层阶梯，为巨大的金字塔。

## 渡海的金字塔之谜

建造金字塔的技术散播到世界各地？

　　**大**金字塔是埃及史上最大的建筑物，然而被称为金字塔的建筑物在世界各地陆续被发现。金字塔在每个时代与每个地区都长得不太一样，唯一不变的是指向天空的独特形状。

　　以下地区就有这样的遗迹：

　　中东：苏美尔文明的金字塔形神塔建筑，从四方形的底部一层一层地堆叠，到顶端建造神殿。

　　中美洲：玛雅与阿兹特克文明以金字塔形状为标准来堆叠石块，很多都在建筑物顶端设置神殿。

　　东南亚：印度尼西亚有婆罗浮屠等阶梯状建筑物。

　　关于这一点，有些人认为，金字塔建筑并非恰

▲位于中东伊拉克的乌尔金字塔,其顶端曾经建造有神殿。

▲墨西哥特奥蒂瓦坎遗迹的月亮金字塔。

▲英国的希尔贝利丘是金字塔形状的冢。

▲非洲大陆西北部漂浮的特内里费岛上的瑰玛金字塔。

## 第5章 大金字塔的七个谜团

巧建立在世界各地,而是从前的人类有着共通的文明,渡海时便把建筑技术也传播过去了。

　　活跃于东南亚的医师史蒂夫·奥本海默认为,位于东南亚的姆大陆般的巨大文明在冰河期后期(约1万年前至6000年前)的大洪水中灭亡,而从大洪水中逃过一劫的人们将金字塔的建造技术传播到了西方。

　　金字塔或许是幸存于大洪水的人们在新的土地上为了祈求和平的未来而建造的。人们期望与带来令人畏惧的洪水等灾害的神明进行对话,并建造了通往天上的阶梯。建造金字塔的干劲或许来自想重现自己曾经居住城市的那份希望吧!

专栏 | 原来如此！超古代文明学⑤

# 震惊世界的七大奇迹

## 📖 传说中的巨大建筑

现在我们还能看到的与建造时的样子相当的古代遗迹已微乎其微。古代遗迹经过漫长的岁月，表面早已失去了原有的光彩，在风吹雨打下也早已风化。还有一些遗迹在战争与地震中毁坏。

然而，在这些遗迹中，据说还有现今无法想象的巨大建筑。其中，在地中海一带的七大遗迹被称为"世界七大奇迹"，是古希腊的旅行家斐罗在《世界七大奇迹》中介绍的。不过，在这七大奇迹中，至今留存的仅有埃及的大金字塔。

埃及的大金字塔已经在本章介绍过了，现在要连同重现图一起介绍剩下的六个奇迹。虽说这六大遗迹已经消失了，但它们始终是代表古代文明的神秘建筑物。

▶介绍"世界七大奇迹"的数学家、旅行家斐罗（前260年至前180年）。

## 👉 巴比伦的空中花园（伊拉克）

公元前600年左右，尼布甲尼撒二世为了讨好异国出身的王后，在新巴比伦王国的首都巴比伦建造了巨大的庭园——巴比伦空中花园。

在边长400米的四方形地基上，一层一层地叠着高15米的露台，据说顶端长110米。巴比伦空中花园非常大，从远方看就像飘浮在空中一般，所以被称为"空中花园"。

每层楼的露台上都有大量的土壤，上面种着各种花与树木。为了不让植物枯萎，庭园前方引进了幼发拉底河的水，并在庭园的顶端设置了水塔，通过水管让水流至各个露台，就好像自动洒水器一般。若果真如此，那么2600年前就真的已经存在着高度先进的技术了。

▶ 巴比伦空中花园的重现图。

然而，公元前538年，空中花园在波斯阿契美尼德王朝的攻打下毁坏了。虽然考古学家依旧在据说是空中花园所在地的地方挖掘，但其是否真的是空中花园还不确定。

## ☞ 以弗所的阿尔忒弥斯神庙（土耳其）

祭祀古希腊的月之狩猎女神阿尔忒弥斯的神庙坐落于爱琴海沿岸的繁盛城市以弗所。

神庙于公元前550年完成，用大理石建造而成，高110米，幅度有55米，以127根高18米的石柱组成。

在这座壮丽的神庙中，藏有高15米的巨大的阿尔忒弥斯雕像。公元262年，神殿被从欧洲侵入的异族破坏，现在仅留存着残骸和几根石柱，而且不见阿尔忒弥斯雕像。

▶ 以弗所阿尔忒弥斯神庙的重现图。

# 奥林匹亚的宙斯神像（希腊）

以体育盛典闻名、奥林匹克的发祥地奥林匹亚以前有着以古希腊的最高神祇宙斯为原型筑成的神像。

天才雕刻家菲狄亚斯表示，神像于公元前430年左右开始制作，历经10年才完成。神像坐在镶着昂贵的黑檀、宝石与象牙的黄金制宝座上，高约12米，身体的部分以杉木制成，表面则以象牙覆盖，身上的衣物以及装备皆为黄金。神像的右手捧着胜利女神尼姬的雕像，左手则握着一根停着鹫的权杖。

收藏此神像的宙斯神殿建成于公元前456年，长64米，宽27米，以34根圆柱支撑着屋顶。据说是经菲狄亚斯设计，神殿才有这番规模。他在神像前挖水池，将橄榄油倒进水池，这样一来，从入口处射进来的太阳光经池面反射至神像，神像就比其他神更显光辉。

公元394年，宙斯神像被移至东罗马帝国的首都君士坦丁堡（现土耳其伊斯坦布尔），之后便音讯全无，有人认为它可能是在火灾中被烧掉了。宙斯神殿也于公元426年被东罗马帝国破坏。

▶ 宙斯神像的重现图。

## 哈利卡那索斯的摩索拉斯灵庙（土耳其）

公元前4世纪，爱琴海沿岸卡里亚王国的国王摩索拉斯与他的王后的遗体被放置在首都哈利卡那索斯的摩索拉斯陵墓中。所谓"灵庙"，即祭祀亡灵的神庙。

建造灵庙的人是摩索拉斯王，由于他在建造完成以前就去世了，便由他的王后完成建设。

公元前350年完成的灵庙是三层楼的建筑，高42米，金字塔形的屋顶上有巨大的马车雕像。

15世纪初，灵庙在经历无数次地震而倒塌后便消失了，人们于1856年挖到了部分遗迹。

▶摩索拉斯陵墓（灵庙）的重现图。像这样巨大的陵墓再也不复存在。

# 罗德岛的太阳神铜像（希腊）

位于爱琴海上罗德岛的罗德港港口以前有一座巨大的铜像，这座铜像塑造的是太阳神赫利奥斯。

巨大的神像由青铜制成，高33米，在公元前282年完成。由于台座高15米，包含台座的话整座铜像的总高度为48米。美国纽约港的自由女神像高约46米，比照之下就知道太阳神铜像多么壮观了。

该铜像内部设置了螺旋状的楼梯，晚上可以看到铜像双眼内的烛台火红地燃烧着。铜像的右手拿着一个器皿，内有加过热的油，据说它会将滚烫的热油倒入敌人的船只。公元前224年，这座巨大的铜像因地震而倒塌，之后就没有修筑了。

1987年，人们于罗德岛的海边水深52米的海底发现了用石灰岩雕刻的古物。这件古物高160厘米，宽180厘米，厚85厘米，并重达1吨，左手像在握拳。这是否是幻之巨像的一部分，至今没有结论。

◀ 守护着罗德岛的赫利奥斯铜像的重现图。

## 亚历山大灯塔（埃及）

位于亚历山大港附近法洛斯岛上的亚历山大灯塔从公元前305年开始，历经20年才建造完成。

灯塔用石灰岩建造，为三层楼的建筑，高度据说最低也有120米。灯塔内部没有楼梯，到三楼的灯火室为止都是螺旋状的斜坡。据说大灯塔的燃料是放在驴子背上，沿着斜坡运送至上方的，但不知道是什么样的燃料。

灯火室内有一面巨大的反射镜，利用反射镜照亮夜晚，据说照射距离可达60千米。

大灯塔在公元796年的大地震中倒塌，永眠在地中海里。1994年，虽然人们在海底发现了巨大的石材，但其是否为大灯塔的一部分，至今没有答案。

顺带一提，斐罗的《世界七大奇迹》并没有将"亚历山大灯塔"算在内，而是将"巴比伦的城墙"选入"七大奇迹"。然而"巴比伦的城墙"与"巴比伦空中花园"常被混为一谈，到了后世则将"巴比伦的城墙"换成"亚历山大灯塔"。

▶亚历山大灯塔的重现图。有关楼层的问题有许多种说法。

# 第6章 令人惊奇的超古代遗迹

世界各地有着许多尚未解开谜团的古代遗迹，本章将把这样的「惊奇」一次性介绍给你！

▼复活节岛的丘陵上建造的摩艾石像。有人说摩艾石像是守护村庄的神祇,但其真面目依旧是谜。

## 复活节岛摩艾石像

### 谜之石像所指的失落古文明

FILE 067

(地点) 智利
(年代) 10至17世纪

冲击程度 ★★★★★
神秘程度 ★★★★★
文明程度 ★★★★★

◀ 2011年发掘的摩艾石像的躯干。似乎还有比这个更大的摩艾石像。

▲岛上的摩艾石像就好像在守护村落，主要建造在岸边。

## 第6章 令人惊奇的超古代遗迹

### ❶ 建于谜之岛屿的石像

坐落在太平洋上的复活节岛是一座环海的孤岛，位于智利大陆往西约3700千米处，到最近的岛屿也有约1600千米。

传闻复活节岛是"失落的帝国"姆大陆的一部分，岛上有着守护神般静静地矗立着的摩艾石像。

就现在所知，岛上据说约有1000座摩艾石像。虽然复活节岛的大小只有日本佐渡岛的四分之一，岛上却有1000座石像，这是非常惊人的数字。而且每座石像的高度都超过4米，重达20吨。据说还有高20米、重近200吨的未完成的摩艾石像。

制作这些石像的意义为何，又是如何搬运的呢？

可惜的是，谁都不知道答案，连"摩艾"这个词的意思是什么

141

都不知道。

摩艾石像是用岛上的火山灰沉积形成的凝灰岩雕刻而成的，从10世纪起，历经800年不间断地被建造。到了17世纪，各部族间的对立情况倍增，而且为了建造石像，森林的树木也被砍光。

除此之外，天花疫情蔓延，据说最严重时，原本1万的人口竟锐减至100人左右。

事到如今，述说这座岛历史的人已不复存在，留在岛上的只有叫作"朗格朗格"（Rongorongo）的文字记录，但其至今尚未完全被解读。

▲（上图）岛上留存着建造到一半的摩艾石像。（下图）海岸边并列的摩艾石像中，有戴着红色帽子、叫作"布卡欧"的石像。

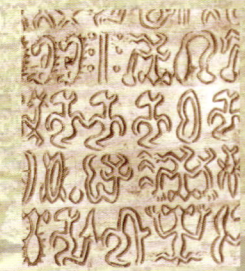

▲复活节岛上叫作"朗格朗格"的独特文字，它至今尚未完全被解读出来。

▲ 神秘的「玛可玛可」神明，它被画在岛上的洞窟内。

## ❷ 岛上的神明来自何方？

人类学学者托马斯·巴尔特尔试图解读"朗格朗格"。他表示，上面写的多是祈求神明及岛上神话等内容，所以摩艾石像可能具有祭祀等宗教意义。

不过，复活节岛上有这么一则传说——

很久很久以前，有一位国王"身穿镶着彩虹边、如白云般的白衣"，治理着这个岛国。国王信奉名为"玛可玛可"的神明。在神的恩惠下，岛民有一种叫作"玛那"的灵力，摩艾石像因为灵力而能自己走动。但随着国王的势力式微，玛那之力消失，摩艾就不能再行走了。

关于这个传说，瑞士的超古代文明研究者艾利希·冯·丹尼肯主张玛可玛可是降临在这座岛上的外星人，而玛那则是外星人的超能力。多数摩艾石像看起来就像在眺望宇宙，仿佛在怀念从地球离去的外星人。

另外，若你相信失落的姆大陆存在，那么你也可以将玛那视为从姆大陆传过来的一种超能力，而玛可玛可代表的是从姆大陆过来的人。幻之超文明的线索或许就沉睡在这座位于远海的孤岛上。

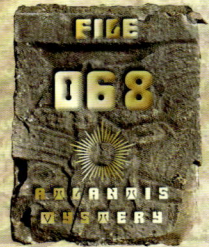

## FILE 068

# 阿布辛贝神庙

### 阳光一年两次照射神像

▶阿布辛贝神庙。

▶阳光从神庙的入口直直地照进房间。左边为冥界之神。

**豆知识 MEMO**

20世纪60年代埃及建造水库时,这座神庙有被水淹没的危机。埃及因而获得世界各国的援助,将这座神庙移至安全的场所。以这次工程为契机,它被指定为世界遗产。

埃及南部的尼罗河上游坐落着古埃及的国王拉美西斯二世建造的、世界上最大的岩石洞神庙——阿布辛贝神庙。在神庙入口处,有四座巨大的神像排列在外,无论哪座都代表国王自己。在昏暗的神庙深处,也有四座神像排列。事实上,这座神庙有一个特别的构造,那就是,国王的生日2月21日和国王登基日10月21日这两天,从入口射进来的阳光会照射到神庙的深处,并照亮冥界之神以外的三座神像。这个遗迹最著名之处就是巧妙地利用了太阳的运行规律,这也是它被指定为世界遗产的原因之一。

〔地点〕埃及
〔年代〕约公元前1200年
冲击程度 ★★★★★
神秘程度 ★★★★★
文明程度 ★★★★★

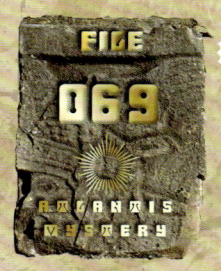

## 第6章 令人惊奇的超古代遗迹

# 埃夫伯里石圈

### 由600块巨石围成

人们于英国南部威特尔郡的埃夫伯里发现了约在公元前2600年建造的石圈（圆形排列的石头），它与附近的巨石阵（见下一页）雷同。埃夫伯里石圈可以说是世界上最大的石圈，直径400米以上。在被发现的所有巨石中，最大的巨石竟重近100吨，其规模甚至比巨石阵还要大。据说，设置石圈使用了600块巨石。然而可惜的是，建造用的工具都被带走了，现今留下的工具少得可怜。以考古学的观点来看，石圈可能是举行祭典和仪式的场所。随后人们在此地发现了遗骨，因此，石圈也极可能是被当成墓地使用的。但目前无法得知建造石圈的真正目的。

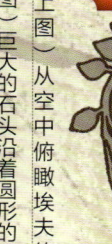

（上图）从空中俯瞰埃夫伯里石圈。

（下图）巨大的石头沿着圆形的凹槽排列。

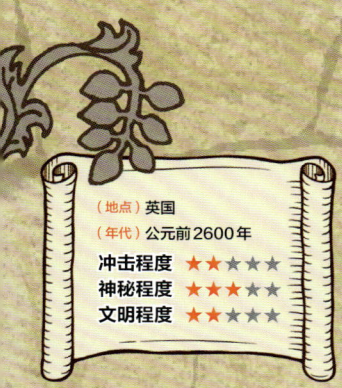

（地点）英国
（年代）公元前2600年

冲击程度 ★★★★★
神秘程度 ★★★★★
文明程度 ★★★★★

145

## 巨石阵

### 历经千年才完成的谜之建筑物

**Stonehenge**
▶ 建造完成时的巨石是排成圆形的,但现在有一部分巨石已经不见了。

巨石阵外围部分

巨石阵位于英国南部威尔特郡的平原上,是约4500年前建造的石圈。大块的巨石高达4至5米,最重的则有50吨。

建造巨石阵的目的至今还是个谜。有人认为巨石阵是宗教祈祷之地和天文台,也有人认为它是太阳系的模型等,各种假说都有。但根据到2009年为止的调查,这个谜团逐渐明朗化。

公元前3000年左右,此地建造了一个圆形围场,据说是作为墓地使用,人们将死者埋葬于此,并立墓碑。现在这个圆形围场还围绕着巨石阵。

(地点)英国
(年代)约公元前2500年
冲击程度 ★★★★★
神秘程度 ★★★★★
文明程度 ★★★★★

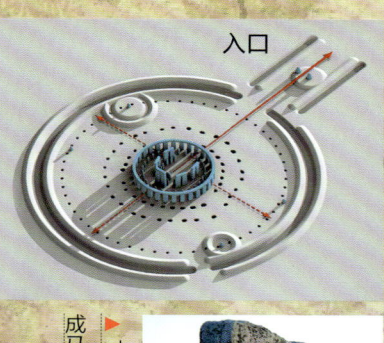

入口

◀石阵的重现图。整体的配置是建造者计算日出与日落的方位后设计出来的。

▲7至50吨重的萨尔森石组成马蹄形状。

▲蓝沙石是特地从240千米外的地方被搬运过来的。

## 第6章 令人惊奇的超古代遗迹

　　过了500年，从英国西部威尔斯（Wales）搬运过来、名叫蓝沙石的玄武岩取代了以往的墓碑，外层被名叫萨尔森石的巨大砂岩包围，就形成现在这个巨石阵了。

　　巨石阵的中心点与入口处连接的直线与冬至的日落方向重叠。不知道从什么时候开始，巨石阵竟成为举行大型庆典与祭典的场地了。

　　公元前1600年，欧洲大陆人越洋而来，并传入外来文化，因此，当地人慢慢地不再使用巨石阵了。历经1000年以上的阶段性建设，巨石阵就成了当前这个代表英国的神秘的古代遗迹。现今有许多人认为这里是圣地。

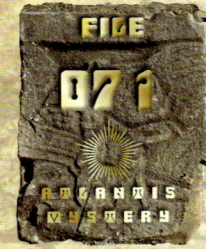

# 卡奈克巨石林

## 显示着古代超能力文明的存在？

位于法国东部的卡奈克有着全欧洲最大的巨石遗迹——卡奈克巨石林。那里约有3000块高1至6米的巨石，全部排列起来接近3千米长。一般认为它是在公元前3300年左右形成现在的规模的。

这个巨石林遗迹最大的谜团就是其建造目的。有人说巨石林是纪念碑，有人说它是坟墓，也有人说它是天文观测器。

▲卡奈克巨石林的大石块排列在直线上。

在众多的说法中，最能引起超古代文明粉丝共鸣的是"圣地直线论"（ley line）。圣地直线论是英国的阿尔弗雷德·沃特金斯提出的学说，意即古代的坟墓与教会等圣地会连成一条直线。据说，这条直线的地底下是流动着大地能源的通道。在风水上，这就是眼睛看不见的"气"的流动（龙脉），领会大地的气流可以判断吉凶。最近也有人认为，巨石放在那里，是为了控制地磁场（地球的磁场）的流动。如果超古代文明的人们拥有超能力，那么他们或许能领会这种看不见的力量，这种力量可能也曾对人类文明的发展有所帮助。

（地点）法国
（年代）约公元前3300年
**冲击程度** ★★★★☆
**神秘程度** ★★★★★
**文明程度** ★★☆☆☆

# 第6章 令人惊奇的超古代遗迹

**Carnac Stones**
▲ 从天空俯瞰，巨石的排列方式看起来好像代表着什么。

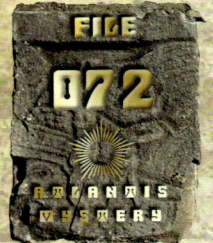

## 纽格莱奇墓

### 活用高度的天文知识

▲（上图）埋藏在土中长达5000年的纽格莱奇墓。（下图左）冬至时，阳光会照亮通道。（下图右）通道入口附近放着一块有螺旋纹路的大石头，不清楚其用意。

【地点】爱尔兰
【年代】约公元前3000年
冲击程度 ★★☆☆☆
神秘程度 ★★★☆☆
文明程度 ★★★☆☆

爱尔兰东部的纽格莱奇墓是公元前3000年左右建造的圆形石造遗迹。纽格莱奇墓使用了总重量约20万吨的石头，内部有一条狭窄的通道。人们至今还不知道其建造目的，不过最有可能的说法是用作坟墓。

冬至当天，阳光会从入口上方1平方米大的洞中照射进来，而且只要17分钟就能照射到最里面的房间。就这一点来看，此地很可能是进行天体观测或崇敬太阳等活动的宗教圣地。无论到底哪种说法符合实情，活用了高度的天文知识这一点都是毋庸置疑的。

# 特奥蒂瓦坎

## 美洲最大的城市遗迹

**第6章 令人惊奇的超古代遗迹**

**特** 奥蒂瓦坎意为"众神之地",位于墨西哥中部高原,是美洲最大的城市遗迹。特奥蒂瓦坎约从公元前100年开始建造,鼎盛时期人口超过15万。遗迹内神殿、宫殿与宅邸林立,最引人注目的则是可以媲美埃及大金字塔的巨大的"太阳金字塔"。

特奥蒂瓦坎虽然巨大得令人惊奇,但它最大的谜团是公元7世纪至8世纪间的灭亡。因为没有留下任何文字记录,所以人们无法着手调查其灭亡的始末。特奥蒂瓦坎到底是因为外族入侵而灭亡,还是因为人们破坏环境而自我毁灭的呢?谜团重重。

太阳金字塔

▲左边的金字塔为"太阳金字塔",下面为"月亮金字塔",从月亮金字塔的前方延伸出一条"黄泉大道"。

【地点】墨西哥
【年代】公元前2世纪至8世纪后半期
**冲击程度** ★★★☆☆
**神秘程度** ★★★★☆
**文明程度** ★★★★☆

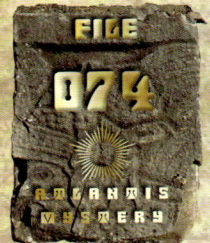

## 克诺索斯王宫

### 住着神话中的怪物的大迷宫

▲ 1900年,英国考古学家亚瑟·埃文斯发掘的克诺索斯王宫的遗迹。

▶ 克诺索斯王宫的重现图,其复杂的结构组成了一座迷宫。

**希**腊神话中有一座迷宫,它错综复杂,人们难以在不迷路的情况下穿越。据说这座迷宫是国王命人建造的,为的是将王后生的牛头人身的怪物米诺陶诺斯关起来。

克诺索斯王宫位于从公元前2000年起就在爱琴海繁盛的米诺斯文明的中心地带。据说王宫里约有1600个小房间,排列起来约三四层楼高,还有曲折的回廊与长短不一的楼梯。但不知道什么原因,这个王国在约公元前1400年灭亡了。

(地点)希腊
(年代)约4000年前
冲击程度 ★★★☆☆
神秘程度 ★★★☆☆
文明程度 ★★☆☆☆

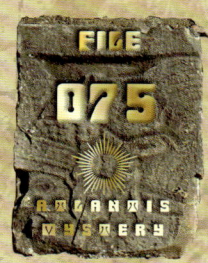

## 加泰土丘

**家门是天花板**

第6章 令人惊奇的超古代遗迹

加泰土丘发现于土耳其南部高原，是公元前7200年左右的遗迹。

加泰土丘不仅被列入世界上最古老的人类定居点之一，还有很多奇妙的地方。其一，城里没有道路；其二，每户人家都紧密地连接在一起，仿佛蜂巢，与邻居共同拥有墙壁，而且墙壁上没有门。那他们到底是怎么进出的呢？

看起来，居民在屋顶上装设了"活板门"，利用梯子沿着屋顶进出。一般认为此构造是为了预防外敌入侵与防身。

▲以发掘的遗迹为基础重现的想象图。
▶重现房间里的装潢和摆设。

（地点）土耳其
（年代）约公元前7200年
**冲击程度** ★★★★★
**神秘程度** ★★★★★
**文明程度** ★★★★★

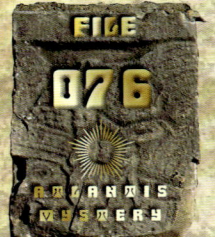

## 蛇墩

### 有祭坛的巨大蛇形坟墓

▲现为公园的蛇墩。放射性碳定年法的测试结果显示它是于公元1070年左右建造的。

美国俄亥俄州布鲁叙·克里克河的岸边，有一座名为"蛇墩"的神秘蛇形坟墓。蛇形长约400米，身体部分宽约6米，最初人们从空中俯瞰才发现它是蛇形。蛇墩是何人建造的、为什么要建造成这样，至今尚无从得知。

人们在此地找到石造祭坛后，认为此地是当地原住民进行宗教仪式的地方，这也是最有可能的建造目的。又因为其蛇头指向的是夏至日落的位置，而蛇尾指向的是冬至日出的位置，所以另有人说蛇墩是古代人观测天体时做的记号。

（地点）美国
（年代）约公元1070年
冲击程度 ★★★☆☆
神秘程度 ★★★☆☆
文明程度 ★★☆☆☆

## 第6章 令人惊奇的超古代遗迹

# 乌尔金字塔形神塔

### 外星人为苏美人带来文明？

**乌**尔位于古代美索不达米亚的南部，是苏美尔人的城市。苏美尔人从5000年前开始居住在这里，不久便建立了巨大的建筑金字塔形神塔。

事实上，苏美尔人中间流传着一个有趣的传说，那就是名叫欧安尼斯的神授予了他们文化。

据说，欧安尼斯神的外形是半人半鱼。

若他真的存在，有些人认为他是从外太空来的外星人。美索不达米亚文明的兴起真的是靠外星人吗？

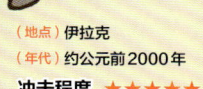

（地点）伊拉克
（年代）约公元前2000年
冲击程度 ★★★★★
神秘程度 ★★★★
文明程度 ★★★★

▲仅存神殿基底的乌尔金字塔形神塔。
▶传说中带给苏美尔人文化的欧安尼斯。

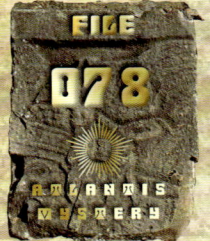

## 佩特拉

### 建在岩山里的神秘贸易城市

▲卡兹尼神殿是挖掘粉红色的砂岩建造而成的。神殿内部有三间空房,其使用目的成谜。

游牧民族纳巴泰人于公元前4世纪定居在中东约旦的沙漠地区,他们在陡峭的岩山里建造了一座城市——佩特拉。佩特拉的贸易兴盛,市区里王宫与市场林立,附近的岩山里还有神殿与陵墓。

遗迹中著名的是被称为"卡兹尼神殿"的建筑物,"卡兹尼"为"宝殿"之意。但遗迹的内部并没有宝藏,因此它至今都被当成谜一样的遗迹。在近年的调查中,人们在神殿底下发现了密室。如果这里真的有宝藏,宝藏是指国王的遗体,还是真正的宝物呢?它们会不会隐藏在地下更深处?

(地点)约旦
(年代)公元前4世纪
冲击程度 ★★★★★
神秘程度 ★★★★★
文明程度 ★★★★★

## 奇琴伊察 —— 玛雅文明的遗迹

**奇**琴伊察位于墨西哥东部尤卡坦半岛,是玛雅文明的遗迹,公元10世纪至12世纪是其鼎盛时期。此遗迹中最具代表性的是被称为"库库尔坎神庙"的阶梯形金字塔。所谓库库尔坎,意为"有羽毛的蛇",即"魁札尔科亚特尔"的别称。据说春分及秋分的时候,阳光照在神庙的阶梯上,形成波浪形的光影,化身为蛇形的神从天而降。

玛雅文明以拥有高度的天文知识闻名。库库尔坎神庙,加上四边的阶梯,总共有364阶,再加上顶端的神殿,就代表玛雅历的一年365天。整座建筑都是经过计算建造出来的。

### 第6章 令人惊奇的超古代遗迹

蛇形的光

▲ 魁札尔科亚特尔现身的库库尔坎神庙。

▶ 此遗迹也被称为"天文台",有类似天文观测站的建筑。

〔地点〕墨西哥
〔年代〕约10世纪至12世纪
**冲击程度** ★★★★★
**神秘程度** ★★★★☆
**文明程度** ★★★★☆

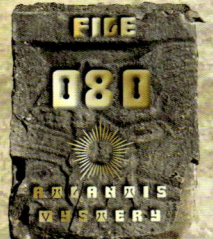

# 哥贝克力石阵

## 史上最古老的宗教遗迹

▲有动物浮雕的石柱。
▶哥贝克力石阵的重现图。

人们在土耳其东南部的丘陵发现了名叫"哥贝克力石阵"的四个圆形遗迹。专家调查这个遗迹后发现,它比埃及大金字塔的建造时间早了7000年,它是在约1.5万年前建造的。哥贝克力石阵是世界上最古老的石造建筑,使用了2000根5至20吨重的石柱。一般认为石阵是宗教设施,是以狩猎、采集为生的人们为了悼念死者而建造的。不可思议的是,虽然人们建造了这么大的神殿,周遭却没有人类定居及住屋的痕迹。如果附近曾有人定居,想必这里会变成一个颠覆常识、文化与艺术都曾开花结果的文明遗迹。

(地点)土耳其
(年代)约1.5万年前
冲击程度 ★★★★☆
神秘程度 ★★★★☆
文明程度 ★★★☆☆

## 苇岳山

### 金字塔的始祖在日本？

第6章 令人惊奇的超古代遗迹

位于日本广岛县庄原市的苇岳山是一座壮丽的山，人们看得到其尖锐的山顶。有一个名叫酒井胜军的人对苇岳山有独到的见解。

1932年，酒井曾说："苇岳山是约2.3万年前建造的金字塔，是世界各地金字塔的起源。"这个观点引起了热烈的讨论。

的确，从山腰到山顶，苇岳山四处都有像是人工堆积而成的岩石。酒井的看法是，这是一座利用山与丘陵的地形为基底、有部分人为加工的金字塔。若此说法为真，那么它到底是谁建造的，又是为了什么而建造的呢？

（地点）日本广岛县
（年代）约2.3万年前
冲击程度 ★★★★★
神秘程度 ★★★★☆
文明程度 ★★☆☆☆

▲在山间高耸的人造巨石。
◀金字塔形的苇岳山。

FILE 082

## 出云大社

### 日本最古老的超高神社

▲ 传说中的出云大社本殿的重现想象图。

▶ 现在的出云大社的航拍照片。

位于日本岛根县出云市的出云大社以日本最古老的神社建筑风格——大社建筑——闻名。2013年，这里举行了60年一次的迁宫仪式（移动建造神殿时的神体）。

日本江户时代后，出云大社本殿高约24米，以神殿来说是相当大的。然而，据说在建造这座神社的神话时代，本殿高达96米，以现在来说，几乎是相当于30层楼的超高建筑物。

2000年，这里曾挖掘出一根巨大的柱子，它以3根直径1.4米的原木组成。因此，传说为事实的可能性非常高。

（地点）日本岛根县
（年代）不明
冲击程度 ★★★★★
神秘程度 ★★★★☆
文明程度 ★★★☆☆

## 石之宝殿

### 日本的巨石欧帕兹

第6章 令人惊奇的超古代遗迹

日本兵库县高砂市的生石神社供奉着谜一样的神体。这个神秘的神体名叫"石之宝殿",它高5.7米,宽6.4米,长7.2米,估计重量为500吨。它的形状看起来像早期的映像管电视。

这块巨石是什么时候建造的、是谁造的,又是为了什么而切割出来的呢?

这些都一无所知。

根据神社流传下来的故事,岛根县出云市的神明大国主神(日本神话中的神祇)打算建造统治国家的石之宫殿,却发生了叛乱,这里就变成了今天这副模样。

▲日本经常将巨大的石头当成神明供奉,巨石的成形与由来存在许多谜团。

(地点)日本兵库县
(年代)不明
冲击程度 ★★★★★
神秘程度 ★★★★
文明程度 ★

# 梅萨维德

## 被遗弃的断崖宫殿

▲在断崖边建造的住宅，用晒干的砖块堆积而成，住宅间紧密相连。

位于美国科罗多拉州的梅萨维德是一个聚落的遗迹，意为"绿色台地"。

12世纪，为了防备外敌入侵，原住民阿那萨吉人将住宅建在了断崖下。

这个住宅区被称为"Cliff Palace"（断崖宫殿），有220个房间，用晒干的砖块堆积而成，住宅间紧密相连。最高的建筑有4层楼高。

但13世纪末，居民便离开了梅萨维德。他们为什么要舍弃这么宏伟的住宅呢？至今未解。

（地点）美国
（年代）12世纪
冲击程度 ★★★☆☆
神秘程度 ★★★☆☆
文明程度 ★★☆☆☆

## 马丘比丘

### 安第斯山脉上的印加空中城市

公元1911年，美国探险家海勒姆·宾厄姆在海拔约2500米的安第斯山脉上发现了一座城市的废墟，也就是背面有险峻陡峭的山峰，隐藏在悬崖上的"空中城市"——马丘比丘。

马丘比丘是宗教仪式圣地与太阳观测地，一般认为是15世纪由印加帝国的皇帝建造的城市。16世纪，西班牙军队灭亡印加帝国时，都不知道高原上有这么一座城市存在。

然而，住在此地的人们舍弃了自己的家园，消失在深山中。谁也不知道他们为什么要这么做，留下了许多疑点。

## 第6章 令人惊奇的超古代遗迹

▲秘鲁的乌鲁班巴河谷中的马丘比丘遗迹。

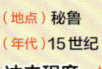

（地点）秘鲁
（年代）15世纪
冲击程度 ★★★★☆
神秘程度 ★★★★★
文明程度 ★★★☆☆

163

# 蒂卡尔

## 沉睡于森林的玛雅文明的最大城市

FILE 086

▲ 50米高的蒂卡尔神殿（左）与第二神殿（右）。以前的国王会在这些神殿上观望祭祀活动。

位于中美洲危地马拉的蒂卡尔遗迹是代表玛雅的宗教城市之一。金字塔形神殿等建筑物至少有3000座，在玛雅文明中是规模最大的。

但不知道为什么，8世纪建造的城市至9世纪就衰退了，之后更是变成了废墟。

此遗迹的大部分都已经被森林覆盖，还有很多尚未被发现的建筑。

此遗迹中格外引人注目的是在金字塔形神殿内发现的遗骨。从这一点来看，玛雅的金字塔形建筑很可能是被当成坟墓使用的。

（地点）危地马拉
（年代）8世纪
冲击程度 ★★★★★
神秘程度 ★★★★★
文明程度 ★★★★★

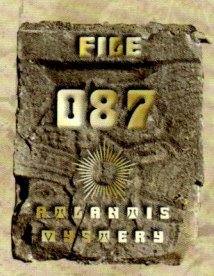

**南**

## 昌克罗
### 美洲大陆最古老的天文台

美洲秘鲁西北部海岸的昌克罗遗迹别名叫"十三塔",涵盖了许多广场、要塞及神殿。据2007年的调查,昌克罗是在约2300年前建成的,据说是美洲大陆最古老的太阳观测所。

当站在这个观测所,也就是图中的观测地点看日出时,观测者眼前并排着十三座塔,最左边的塔会与夏至日的太阳重叠;相对的是,最右边的塔则会与冬至日的太阳重叠。南美洲繁荣时期的印加帝国信奉太阳,致力于对太阳的观测。他们拥有的天文知识或许就来自昌克罗遗迹吧!

## 第6章 令人惊奇的超古代遗迹

观测地点

▲昌克罗遗迹的天文观测所。
▶要塞般的昌克罗遗迹就像被城墙包围着。

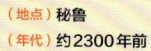

(地点)秘鲁
(年代)约2300年前
冲击程度 ★★★★☆
神秘程度 ★★☆☆☆
文明程度 ★★★★☆

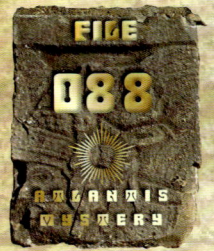

## 南马都尔

### 变成废墟的谜之海上城市

▲ 南马都尔是王都，据说以前有 20 万人居住于此，但不知道它从什么时候开始衰败了，现已如同废墟。

南马都尔遗迹坐落于西太平洋密克罗尼西亚联邦最大的岛屿澎贝岛的海面上。这座以玄武岩石组合成的人工岛以运河连接，范围宽广。一般认为此地最晚于11世纪左右开始动工建设，确切的时间不明。

这儿附近被建造者认为是圣地，人们特地从陆上搬来岩石建造了人工岛。据说这些玄武岩都是被施以魔法，从采石场飞过来的，说得好像煞有介事。如果建造者真的拥有这样的超能力，那么他们可能是灭亡的姆大陆的幸存者。

（地点）密克罗尼西亚联邦
（年代）约11世纪

冲击程度 ★★☆☆☆
神秘程度 ★★★☆☆
文明程度 ★★☆☆☆

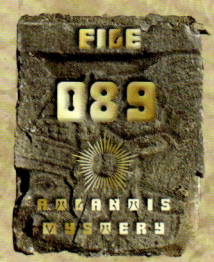

## 与那国岛海底遗迹

### 沉睡于冲绳的日本上古文明

第6章 令人惊奇的超古代遗迹

日本冲绳县与那国岛附近的海底有一片被认为是遗迹的神秘地带。这片神秘地带东西约250米，南北约150米，高低差约25米。巨大的岩块形成阶梯形状，显示出复杂的城市遗迹的范围。地质学家木村政昭博士认为，这片地形是人造的，建造年代约为1.3万至1万年前，因为当时附近的海域都还是陆地。

如果木村政昭博士的推论是正确的，那么这个"与那国岛海底遗迹"将是世界上最古老的文明的产物。另外，此遗迹也被认为可能是1万年前消失的姆大陆的一部分。

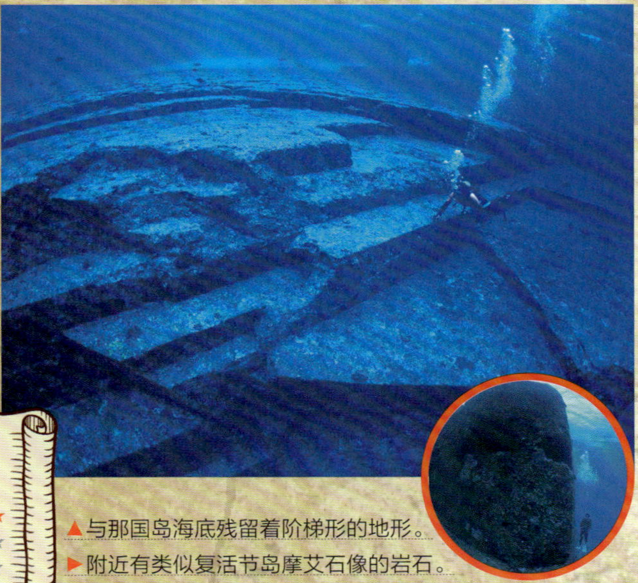

（地点）日本冲绳县
（年代）1.3万至1万年前
冲击程度 ★★★★★
神秘程度 ★★★★☆
文明程度 ★★☆☆☆

▲与那国岛海底残留着阶梯形的地形。
▶附近有类似复活节岛摩艾石像的岩石。

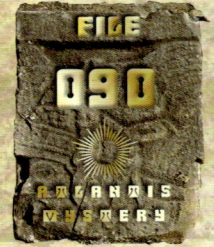

## 秦始皇陵

### 为求长生不老而建造的红色地下宫殿

▲根据司马迁编撰的《史记》重现的地下宫殿的图像。

▶秦始皇陵建在金字塔状的小山下。

**秦**始皇是第一位统一中国的皇帝。约2200多年前，他在现陕西省西安市的西北部建造了自己的坟墓，高约76米的小山下是为了死后居住而设计的壮丽宫殿。

史书记载，宫殿内的天花板上，以宝石与珠玉绘制的星座闪闪发亮。地上摆放着仿制中国群山的模型，流于群山间、以水银制成的百川露出黄金制的根基。

以现代的挖掘技术而言，宫殿内部的色彩可能会因为接触空气而消失，因此人们尚未开挖这座未知的宫殿。

（地点）中国
（年代）约公元前210年
冲击程度 ★★★★★
神秘程度 ★★★★★
文明程度 ★★☆☆☆

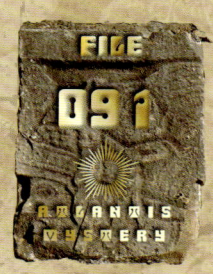

## 皆神山

### 飞碟现身长野市金字塔山？

**第6章 令人惊奇的超古代遗迹**

**位**于日本长野市松代町的皆神山光是以地形来看，就被广传为"日本的金字塔"。皆神山并没有人工修建的痕迹，因此无法确认其真实面貌。据说，海拔高度分别为679米与642米的两座山峰隐藏着许多谜团。

例如，1965年到1971年间，位于皆神山正下方的震源——松代地震群——发生地震时，竟有人在附近目击被认为是飞碟的谜一样的发光体。而且，在那之后，国家地质专家调查发现，山的中心部分的重力比周围弱。这是否代表着什么呢？

▲位于长野市松代町的皆神山。在地质学上，一般认为此山是冒出的岩浆形成的。

（地点）日本长野市
（年代）不明
冲击程度 ★★★☆☆
神秘程度 ★★★★★
文明程度 ★★☆☆☆

专栏 | 原来如此！超古代文明学⑥

# 什么是地球空洞说？

☞ 极地是地球内部的入口？

你知道"地球空洞说"吗？

所谓的地球空洞说，就是"地球是中空的，内为广阔的异次元世界，里面还住着未知生物"的说法。据说，通往内部世界的入口在南极和北极。也有人认为，超古代文明其实始于地球内部。

当然，从物理学来说，一般认为地球的内部是由地壳、地幔、地核一层一层地构成的。尽管如此，说到底，这个学说终究只是一个理论，实际见过地球内部的人根本不存在。这么想的话，我们也可以说，"地球空洞说"其实只是一个白日梦。

最早提倡"地球空洞说"的人是17世纪英国天文学家爱德蒙·哈雷。之后，1818年，美国前陆军上尉约翰·克里夫·西蒙发表了以下观点："地壳的厚度为1300千米，地球是一颗五层的同心球，在南北两极都有直径2300千米的洞。而海洋是直接与地球内部相连接的！"

◀提倡"地球空洞说"的爱德蒙·哈雷，他发现了哈雷彗星。哈雷彗星每76年接近地球一次。

1895年,挪威探险家弗里德持乔夫·南森出版了他造访空洞世界的探险记——《极尽之北》。但此书的内容令人质疑。

后来有许多解析"地球空洞说"的书相继问世。到了20世纪,颇具社会地位和信用的人实际目击空洞世界的事迹引发了热烈的讨论。美国的研究学者雷蒙·伯纳于1969年出版了《地球空洞说》,书中提到了海军少将理查德·伯德的事迹。他们看到的到底是什么样的世界呢?

## 伯德少将目击的神秘世界

1947年2月,美国海军开始实施"跳高作战计划"。这个计划是飞机从阿拉斯加的基地起飞前往北极点,通过北极点后,再飞行2700千米,接着沿同一航道回到基地。

指挥这个飞行探险过程的就是海军少将理查德·伯德。1926年以来,伯德以时常在南北极探险闻名。

伯德少将的飞机按照预定的时间出发,通过北极点后,持续飞行了一阵子。离陆地超过7小时后,天气骤变,能见度为零,气压高度计上的读数

▶ 1906年,《极地幻影》一书中的地球空洞图。

急速下降。伯德少将下令发出SOS求救信号。然而，过了没多久，便已经没有这个必要了，因为他的视野突然变得清晰可见。

就在那个瞬间，飞机上的人员都瞠目结舌，因为他们见到了一片难以置信的光景。他们明明在极地上空飞行，却连一点儿冰雪也看不见。他们看到的是绿油油的原野、森林、河川以及湖沼等在极地不可能见到的景色。在他们惊讶之余，连类似猛玛象的巨兽都出现了。

当然，这个不可置信的状况被报告给了基地，却没有被公开。只有无意间听到消息的报道机关写了一小篇记事，之后该事件相关内容全部被禁止报道。

如果"地球空洞说"是事实，那么真的有上古时期的生物栖息在地球内部吗？另外，

▲伯德少将（右图）和他在地球内部目击的动物的想象图（左图）。

惊人的是，读过理查德·伯德的飞行记录的伯德太太表示，伯德在这之后，据说还见到了在地下存在了1000年以上的地下世界代表团。

长相跟人类一样的他们告诉伯德，地下世界并没有战争。由于地下有特别的能源，食物与照明不成问题。他们曾尝试与人类接触，然而都被人类拒绝了。

据说，伯德少将遭到军方封口。一直到他临终，也没人能从他口中听到这段惊人的经历。

1967年，有人于在北极拍摄的卫星照片中，找到了一个被认为是"地球内部的入口"的地方，再度引发话题。也有人认为照片上是异世界入口被打开的瞬间。

综合地球内部一片绿地与地下代表团事件，有人认为，地球内部有一个类似太阳的天体存在。

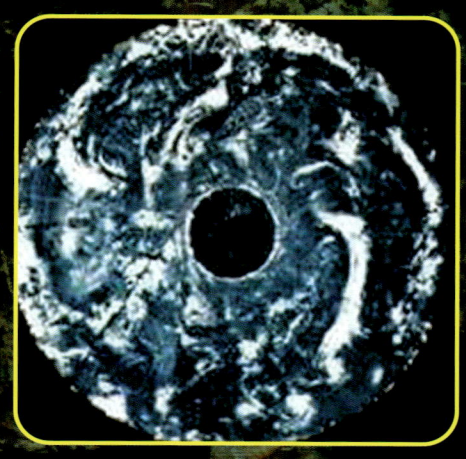

▲ 1967年，气象卫星在北极拍摄到的照片。这是地球内部入口打开的瞬间吗？

▲ 关于"地球空洞说"的想象图。

## 沉睡于地底的乌托邦香巴拉（香格里拉）

事实上，在藏传佛教的喇嘛之间流传着一个故事，那就是，地球内部除了是中空的以外，还存在着一个像乐园的王国，它叫作"阿格尔特"。据说王国的首都"香巴拉"里住了许多拥有丰富知识的圣者。

阿格尔特的入口除了南北极的洞口以外，据说全世界还有几个。有一个说法是，位于中国西藏自治区拉萨市的布达拉宫的地底下有阿格尔特的入口。

许多人想找寻传说中的乌托邦香巴拉，因此踏上旅程。其中，最靠近香巴拉秘密的人是俄罗斯著名的艺术家尼戈莱因·雷利比。他从1923年起旅藏多年，遇到了穿着美丽袈裟的奇妙僧侣，目击了巨大的飞碟，体验了许多意想不到的事情。可惜的是，他始终没有到达香巴拉。

伯德少将目击的绿色大地是否是雷利比追求的理想国香巴拉呢？地球上可能还沉眠着许多人类尚未踏入的未知空间！

▲俄罗斯艺术家尼戈莱因·雷利比。　▲位于西藏拉萨的布达拉宫。

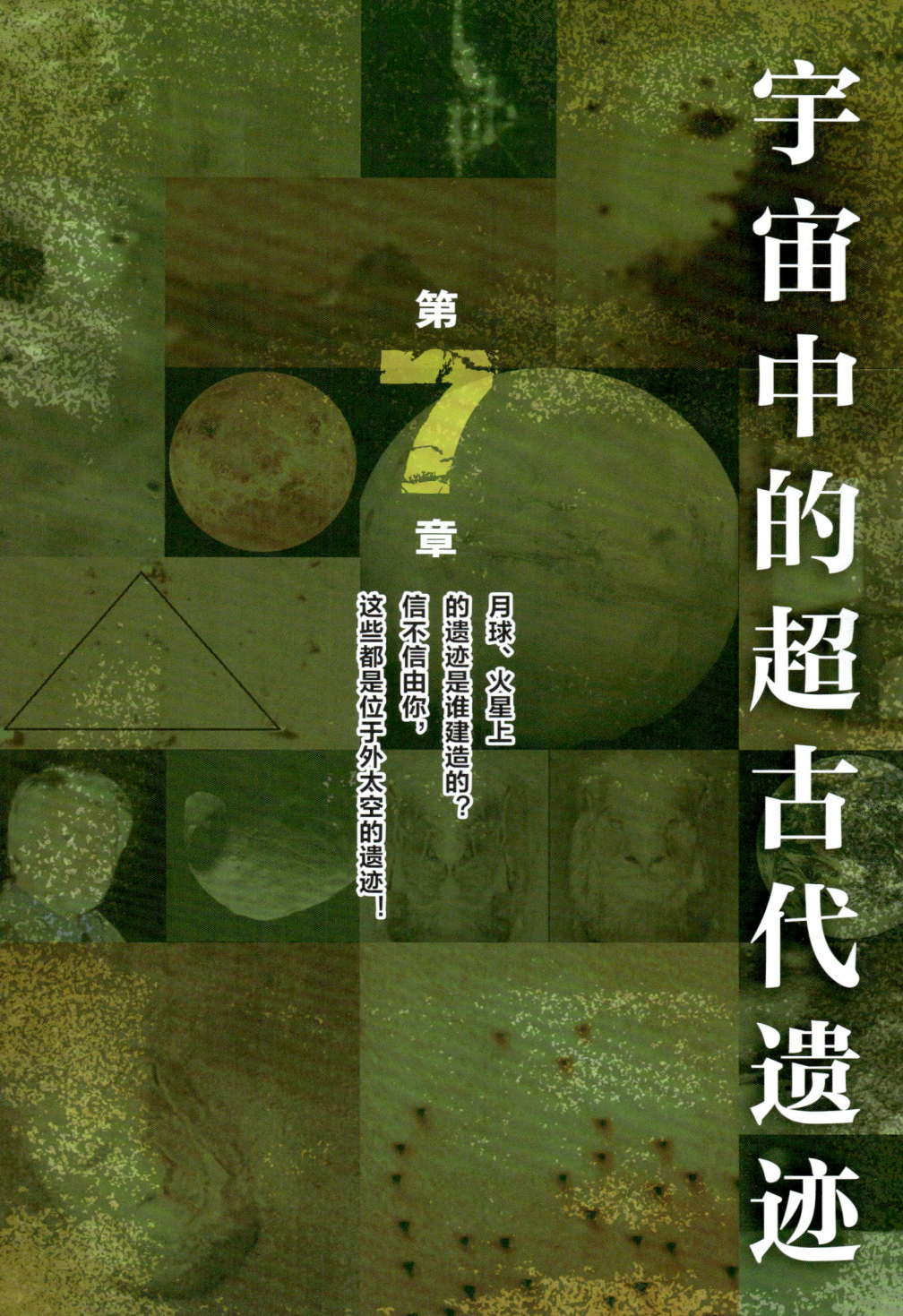

# 宇宙中的超古代遗迹

## 第 7 章

月球、火星上的遗迹是谁建造的？信不信由你，这些都是位于外太空的遗迹！

**File 092**

## 火星人面岩

地球以外的古代文明真的存在吗？

**The Face Mars**

▼ 1976年，火星探测器"海盗一号"拍摄到的火星人面岩。

〔地点〕火星
〔年代〕不明
冲击程度 ★★★★★
神秘程度 ★★★★
文明程度 ★★★★

▲ 与地球相比火星的大小。

▲ "海盗一号"在人面岩一带拍摄的两张照片。
▶ 太阳系的第四行星——火星。

## 第7章 宇宙中的超古代遗迹

### ❶ 像人脸的人工结构体

1976年7月，美国国家航空航天局（NASA）的火星探测器"海盗一号"传回了惊人的影像，那就是"海盗一号"在火星的塞东尼亚地区1873千米的上空拍摄到的"人脸"——人面岩。

当时，NASA声明，这张人脸只是"光与阴影的效果"。

然而，NASA戈达德太空飞行中心的计算机工程师文森特·迪皮特罗与格雷戈里·莫伦纳在NASA的影像保存室中发现了两张从不同高度与不同的太阳入射角度拍摄的照片。

照片上映照出来的显然就是"人脸"，是一个左右对称的结构体。根据他们计算的结果，人面岩长2.6千米，宽2.3千米。

对此非常关注的美国科学记者理查德·霍格兰分析这两张照片，

并于1987年出版了《火星纪念碑》一书。

他在书中主张人面岩既不是自然界的产物，也不是光与影的效果，而是上古时期兴盛的火星文明的遗产。

### ❷ 合成后像斯芬克司

1998年，NASA公开了火星探测器"火星全球探勘者号"拍摄到的人面岩的影像。但是，历经22年才公开的人面岩影像中只有沙与岩石的堆积物。不久，因为细节部分并不清楚，这个影像被修正过。

接着，在2001年公开的影像中，人面岩的右脸已被毁坏，就好像它从正上方遭受了强烈的冲击，不仅表面有大型龟裂，内部也跟着塌陷了。

之后，霍格兰将人面岩的照片左右翻转，并与原来的照片合成。在合成照片中，一张好像属于猫科动物的脸显现出来，两张照片的脸

▲霍格兰认为人面岩是火星文明留下来的产物。

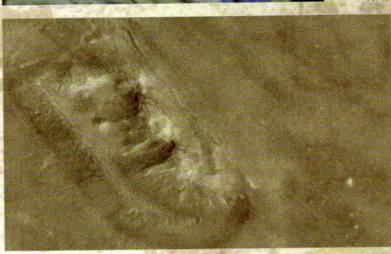

▲1998年拍摄的人面岩。这是一张毫无立体感且不清晰的照片。

▲2001年公开的人面岩照片。照片中的"右脸"已经塌陷。

竟然结合成了人面岩。

关于这个惊人的发现,霍格兰表示:"所谓的人面岩,即拥有人脸与狮身的斯芬克司。"

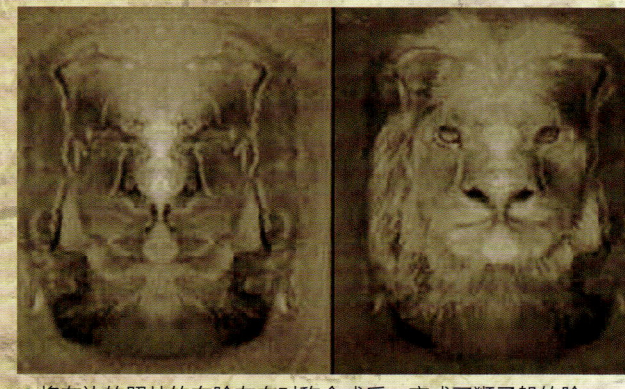

▲将左边的照片的右脸左右对称合成后,变成了狮子般的脸。

如果人面岩真的是人造物,那么这是否就是火星在上古时期繁荣的文明的遗迹呢?

现在下定论还太早,在不远的将来,当预定的火星探勘计划成功时,将是我们看清人面岩的真面目的时候。

▲2006年,欧洲太空总署的"火星快车号"拍摄到的人面岩立体照。他们表示,堆积物的上方为熔岩所覆盖。

第7章 宇宙中的超古代遗迹

# 火星金字塔群

## 外太空的高度文明遗迹

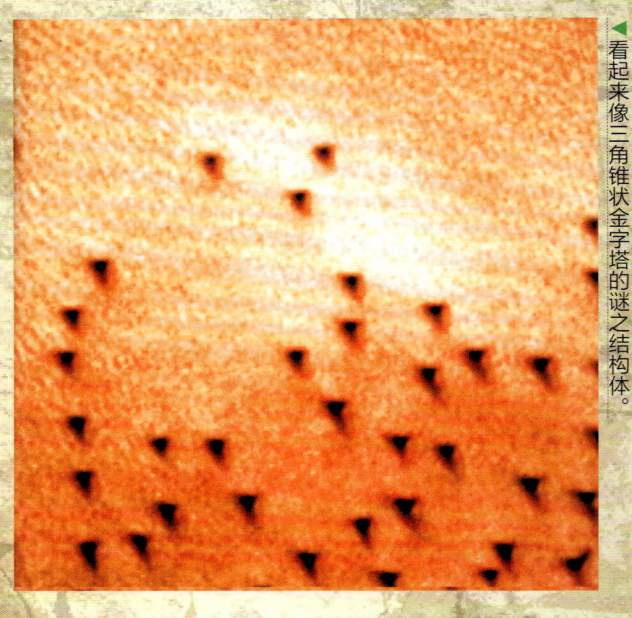

▲看起来像三角锥状金字塔的谜之结构体。

　　火星表面有一个遗迹，让人不得不认为过去火星上真的存在高度文明，这个遗迹就是疑似人工成形的金字塔。

　　1999年5月，火星探测器"火星全球探勘者号"从火星的上空（火星的轨道上）拍摄到了像金字塔群的东西。虽然照片并不清晰，但这些东西看起来就像密集的三角锥状的巨大金字塔，而且乍看之下是不规则地排列着的。但据说其中一部分是以几何图形连续排列的。

　　如果这些东西真的是人造金字塔，那么它们是否算是火星的文明遗迹的一部分呢？

（地点）火星
（年代）不明
冲击程度 ★★★★☆
神秘程度 ★★★★☆
文明程度 ★★★☆☆

# 火星上的磐石

## 与大金字塔的比例相同

**第7章 宇宙中的超古代遗迹**

**航**行于火星上空的NASA"火星勘测轨道飞行器"2009年于火星最大的峡谷——水手号峡谷——拍摄到斜面上有三个立起来的奇妙物体。这些奇妙物体被称作"磐石",被认为是人造石柱。

这三块磐石依序处于底边长80厘米的等腰三角形的顶点上。这个三角形的比例竟然与大金字塔的断面比例相同,而且连角度都一致。这到底是怎么回事呢?

火星上可能真的有与地球超古代文明相关的事物吧!

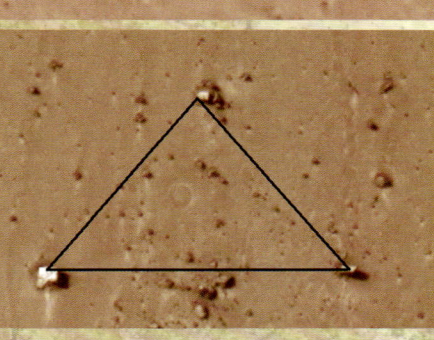

▶(上图)于火星上发现的石柱般的谜之物体。(下图)磐石就放置在几何图形上。

(地点)火星
(年代)不明
冲击程度 ★★★★★
神秘程度 ★★★★☆
文明程度 ★★★★☆

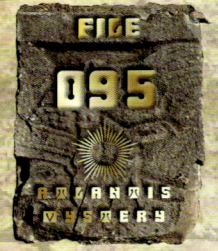

## 月球表面的「城堡」

### 超古代文明的痕迹

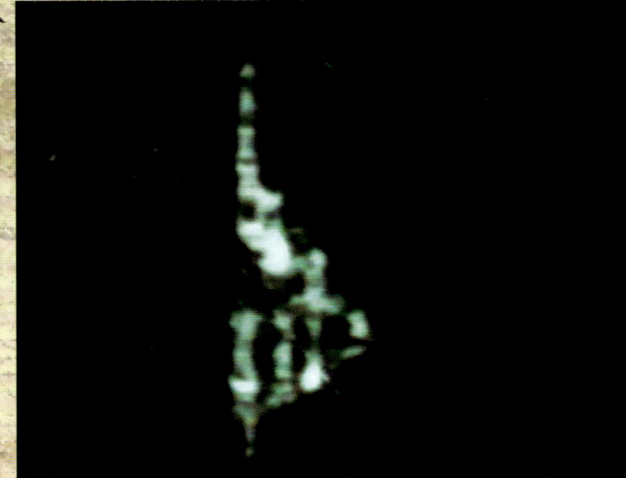

▲ 1969年在月球表面拍摄到的"城堡"。它现在是否还在相同的地方，无从得知。

美国的"阿波罗10号"于月球表面拍摄到的影像中映照出一个被通称为"城堡"的奇妙构造物。这是科学记者理查德·霍格兰在从NASA工作人员那里得到的月球表面照片中发现的。

"城堡"是一个巨大的三角形结构体，上面有复杂的几何图形，矗立在月球表面，约14000米高。它时常反射太阳光，因此被认为是以水晶般的结晶或玻璃般的材料制成的。但科学家再度探勘月球表面时，不知道为什么，再也没有发现这个结构体。

（地点）月球
（年代）不明
**冲击程度** ★★★★☆
**神秘程度** ★★★★★
**文明程度** ★★★★☆

## 月球表面的"碎片"

### 被扭碎的玻璃塔

**理** 查德·霍格兰发现了如塔一般、被通称为"碎片"的结构体，推测其高约1.6千米。结构体为非对称的形状，碾碎的部分被认为是几何图形。霍格兰主张，这并非自然形成的形状。

他利用计算机将"碎片"放大后，可以清楚地看到其强烈反射太阳光的部分和没有反射的部分。说到能这么强烈地反射太阳光的物质，就只能想到玻璃性质的物品。

看来，"碎片"与前文提到的"城堡"相同，都是以玻璃性质的材料制成的，是人工结构体的可能性很高。

第7章 宇宙中的超古代遗迹

(地点) 月球
(年代) 不明
冲击程度 ★★★★☆
神秘程度 ★★★★★
文明程度 ★★★★☆

▲影子映照在月球表面的"碎片"。顺带一提，图中央的"×"是古老的照片计算与被拍摄物的距离时做的记号。

183

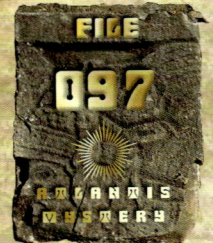

# 火卫一的磐石

## 卫星上的人工结构体？

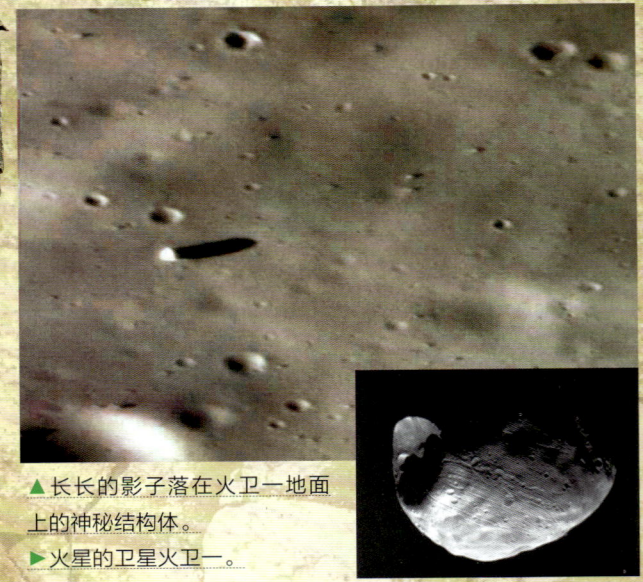

▲长长的影子落在火卫一地面上的神秘结构体。
▶火星的卫星火卫一。

公元1998年，火星探测器"火星全球探勘者号"在火星的卫星火卫一上拍摄到了奇妙的画面。

画面上有长长的影子落在火卫一的地面上，它像是巨大的石柱，被称为"磐石"。

从太阳的方位与阴影的长度来计算，推测磐石的高度为130米，是能与40层楼以上的建筑匹敌的高度。这块磐石只是自然形成的岩石吗？如此巨大的物体真的可以自然地耸立，而且屹立不倒吗？因此，许多人认为这块磐石是人工结构体。

（地点）火卫一
（年代）不明
冲击程度 ★★★★☆
神秘程度 ★★★☆☆
文明程度 ★☆☆☆☆

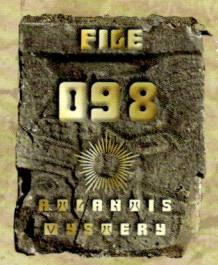

## 爱神星的长方体

### 外星人建造的基地？

公元2000年2月14日，美国国家航空航天局的小行星探测器"近地小行星会合-舒梅克号"（无人宇宙飞船）在小行星爱神星外绕行、拍摄。在公开的地表照片中，有一部分照片拍摄到了神秘结构体。

其中一张是下方的照片，是在距爱神星50千米的高空中拍摄到的，是探测器至今离爱神星最近的一次。探测器拍摄到的是明显与周遭不同的奇妙结构体。这个结构体是从地表延伸出来的棒状物，推测其有45米高。也有人认为，从许多层面来看，或许爱神星本身就是一个人造天体，或者是上古时期来访太阳系的外星人的基地。

第7章 宇宙中的超古代遗迹

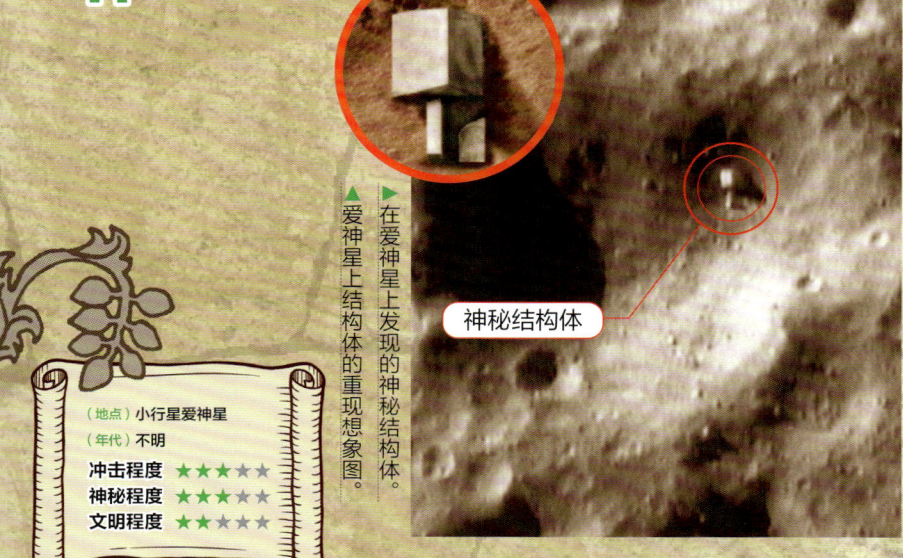

▲爱神星上结构体的重现想象图。
▶在爱神星上发现的神秘结构体。

神秘结构体

（地点）小行星爱神星
（年代）不明
冲击程度 ★★★★☆
神秘程度 ★★★★☆
文明程度 ★★★★☆

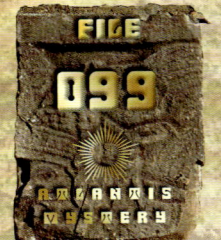

## 金星金字塔

探测行星的发现

▲在金星的拉维尼亚平原上发现的巨大的金字塔状结构体。

▶金星（左）跟地球的大小差不多。

从NASA的影像中，我们可以看到金星的拉维尼亚平原上有一个金字塔般的结构体。这个结构体有着尖锐的顶峰，看起来很立体，一看就是金字塔形状的。

这是探测行星的影像中迄今为止最清楚的一张照片。推测这个结构体有1千米宽。

金星是离地球轨道最近的行星，据说它以前曾被与地球相同的大气层笼罩着。

这座"金字塔"是否是上古时期的超文明留下来的遗迹呢？目前尚未在金星上发现生命迹象。

（地点）金星
（年代）不明
冲击程度 ★★★★★
神秘程度 ★★★★★
文明程度 ★★★★★

186

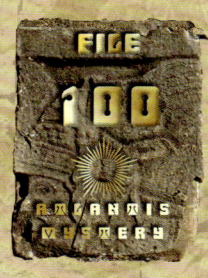

## 月球表面的"大宇宙飞船"

### 高度文明的母船?

公元1971年,人们在发射到月球的"阿波罗15号"拍摄的照片中,发现了一个奇妙的流线型物体。

拍摄的场所是月球背面德尔波特格雷特的西南部。右侧的突起物仿佛是宇宙飞船的船首,机身部分的突起物看起来像人造的。

之后,"阿波罗15号"拍摄到的神秘物体显现得更加清晰了。

这个物体是否意味着以前拥有高度科学知识的外星人在文明崩毁后逃离故乡,并登陆了月球呢?在这个宇宙中,人类或许并不孤独。

第7章 宇宙中的超古代遗迹

▲"阿波罗15号"拍摄到的结构体。

▶近年公开的影像,其出处不明,内容为像宇宙飞船的物体。

(地点)月球
(年代)不明
冲击程度 ★★★★★
神秘程度 ★★★☆☆
文明程度 ★★★★☆

## 结语

人们常说，现在地球正身陷危机——环境破坏、全球变暖造成海平面上升、地震，以及世界各地永不停歇的纷争与人口激增等问题。在这些问题的影响下，现代文明筑起的家园说不定正悄悄地分崩离析。现代文明是否还有未来呢？

看到宏伟的古代遗迹，我们会感叹，曾经那么繁盛的文明都随着时代变迁而灭亡了。的确，这就是我们探索"失落文明"的原因——能预测人类文明的未来，并修正人类偏离的轨道。

另一方面，对于现代的我们来说，古物"欧帕兹"也教会了我们许多重要的事情。虽然大多欧帕兹是在对古代有益的情况下发明创造的，却没有得到传承，不知道什么时候，人们甚至早已忘记了它们的存在。文明失去了推手，就意味着人类朝未来前进得花更多的时间与劳力。

如果两千年前的望远镜与齿轮机械技术流传下来了，那么现代文明或许会更进步、更发达。我们现在拥有的知识与技术，如果没有人将它们传递下去，它们可能会被简单地遗忘。

## 主要参考文献

MU杂志各月号（学研）
《世界超古代文明档案（完全版）》（学研，2011年）
《失落文明之谜与真相》（学研，2013年）
《失落文明之谜（增强修订版）》（Gakken，2006年）
《大金字塔之谜与真相（增补修订版）》（学研，2010年）
《超古代欧帕兹之谜与真相》（学研，2008年）
并木真一郎《众神的遗产·欧帕兹大全》（学研，2011年）
并木真一郎《超古代欧帕兹档案（完全版）》（学研，2011年）
皮特·詹姆斯等《古代发明事典》（东洋书林，2005年）
格雷厄姆·汉考克《众神的指纹》（翔泳社，1996年）
迈克尔·克莱默等《人类的隐秘起源》（翔泳社，1998年）等

## 照片提供

并木伸一郎/MU杂志编辑部/日本岩画协会（扉页前3）/铃木旭（扉页前7）/北出幸男（扉页前4）/米格尔·奈里（104）/土桥位广（159）/时事通信社（14）/小泽正朗/EISP-Eastern Island Statue Project（扉页前1，141）/ Erich von Daniken/Atlantis Rising / Creation Evidence Museum（扉页前2上，48，49，67）/ The Enterprise Mission/Fortean Press International / Fortean Picture Library / NASA / University of Pennsylvania Museum of Archaeology and Anthropology（102，103）/ ©TopFoto/Aflo（3，128）/ ©PPS/Gerg Gerster（25右，149）/ ©After Babel（20，22，23，114，129右下，144）/ ©Ap Images/Aflo（71）/ ©Aflo（序言8，156，157，160，164，166，174）/ ©Alamy/Aflo（扉页前6上，9左，10，52，57，64，65，95，140，145）/ ©amanaimages/Science Source（66）/ ©amanaimages/science photo library（7，79，89）/ ©MASAO ISHIHARA/SEBUN PHOTO/amanaimages（168下）/ ©amanaimages/Corbis（扉页前3下，27，35，38，39，73，77，90下，96，143，151，153，162）

## 插图

大泽山水……5，168上
日本水路协会……19
久保田晃司……120，133，134，135，136，137，138
富崎纪……121，122，123

**图书在版编目（CIP）数据**

失落文明大百科 / 日本学研教育出版社编著;陈雯凯译. --
杭州：浙江文艺出版社，2022.5
（日本学研神秘百科）
ISBN 978-7-5339-6787-1

Ⅰ.①失… Ⅱ.①日… ②陈… Ⅲ.①世界史－古代史－
文化史－通俗读物　Ⅳ.①K12-49

中国版本图书馆CIP数据核字（2022）第034884号

Ushinawaretabunmei no Daihyakka
© Gakken
First published in Japan 2014 by Gakken Plus Co., Ltd., Tokyo
Simplified Chinese translation rights arranged with Gakken Plus Co., Ltd.
through East West Culture & Media Co., Ltd.

本书中文译文由汉湘文化事业股份有限公司授权使用

责任编辑：童潇骁

## 失落文明大百科

日本学研教育出版社 编著
陈雯凯 译

全案策划
联合读创（北京）文化传媒有限公司

出版发行
浙江文艺出版社
杭州市体育场路347号　邮编 310006
浙江省新华书店集团有限公司 经销
天津丰富彩艺印刷有限公司 印刷
2022年5月第1版　2022年5月第1次印刷
880毫米×1230毫米　32开本　7印张
字数：144千字
书号：ISBN 978-7-5339-6787-1
定价：59.00元

版权所有，侵权必究
（如有印装质量问题影响阅读，请联系010-88843286调换）